STATISTICS OF AREA, PRODUCTION AND YIELD OF CROP PRODUCTS

IN OECD MEMBER COUNTRIES

1955 - 1974

STATISTIQUES DES SUPERFICIES, DES PRODUCTIONS ET DES RENDEMENTS DES PRODUITS VÉGÉTAUX

DANS LES PAYS MEMBRES DE L'OCDE

April 1976 Avril

ORGANISATION FOR ECONOMIC CO-OPERATION AND DEVELOPMENT

ORGANISATION DE COOPÉRATION ET DE DÉVELOPPEMENT ÉCONOMIQUES

L'Organisation de Coopération et de Développement Économiques (OCDE), qui a été instituée par une Convention signée le 14 décembre 1960, à Paris, a pour objectif de promouvoir des politiques visant :

— à réaliser la plus forte expansion possible de l'économie et de l'emploi et une progression du niveau de vie dans les pays Membres, tout en maintenant la stabilité financière, et contribuer ainsi au développement de l'économie mondiale;

— à contribuer à une saine expansion économique dans les pays Membres, ainsi que non membres, en voie de développement économique;

— à contribuer à l'expansion du commerce mondial sur une base multilatérale et non discriminatoire, conformément aux obligations internationales.

Les Membres de l'OCDE sont : la République Fédérale d'Allemagne, l'Australie, l'Autriche, la Belgique, le Canada, le Danemark, l'Espagne, les États-Unis, la Finlande, la France, la Grèce, l'Irlande, l'Islande, l'Italie, le Japon, le Luxembourg, la Norvège, la Nouvelle-Zélande, les Pays-Bas, le Portugal, le Royaume-Uni, la Suède, la Suisse et la Turquie.

The Organisation for Economic Co-operation and Development (OECD) was set up under a Convention signed in Paris on 14th December, 1960, which provides that the OECD shall promote policies designed:

— to achieve the highest sustainable economic growth and employment and a rising standard of living in Member countries, while maintaining financial stability, and thus to contribute to the development of the world economy;

— to contribute to sound economic expansion in Member as well as non-member countries in the process of economic development;

— to contribute to the expansion of world trade on a multilateral, non-discriminatory basis in accordance with international obligations.

The Members of OECD are Australia, Austria, Belgium, Canada, Denmark, Finland, France, the Federal Republic of Germany, Greece, Iceland, Ireland, Italy, Japan, Luxembourg, the Netherlands, New Zealand, Norway, Portugal, Spain, Sweden, Switzerland, Turkey, the United Kingdom and the United States.

* *
*

TABLE OF CONTENTS

TABLE DES MATIÈRES

TABLES - TABLEAUX

AREA - PRODUCTION

SUPERFICIE - PRODUCTION

YIELDS

RENDEMENTS

INTRODUCTION

This volume is the first edition of a new series of regular publications intended to show the area, yield and production statistics of each of the main agricultural crops, produced by the OECD member countries.

In the future editions, it is envisaged that these statistics will be completed by tables giving the distribution of agricultural areas by main categories of uses; evolution of the number and distribution of the agricultural holdings, etc.

As the first edition of a new publication, this volume has an exploratory character and may include some gaps and errors. The Agricultural Statistics Section would welcome any observations or suggestions which may lead to future improvements. The Statistical Section will, whenever possible, answer any requests for further information.

Le présent volume constitue la première édition d'une nouvelle publication destinée à fournir, sur une base régulière, les statistiques relatives à la superficie, au rendement et à la production de chacun des principaux produits végétaux fournis par l'agriculture des pays Membres de l'OCDE.

Il est envisagé de compléter, dans les prochaines éditions, ces données par des tableaux fournissant la répartition du territoire agricole des divers pays entre les grandes catégories d'utilisation, l'évolution du nombre des exploitations et leur répartition, etc.

En tant que première édition d'une nouvelle publication, le présent volume a encore un caractère exploratoire ; il peut présenter des lacunes et des erreurs. La Section de Statistique Agricole serait heureuse de recevoir des utilisateurs les observations et les suggestions permettant d'améliorer les prochaines éditions. Elle répondra, dans toute la mesure de ses possibilités, aux demandes de renseignements complémentaires.

Agricultural Statistics Section
OECD Directorate for Agriculture
April 1976

Section de Statistique Agricole
Direction de l'Agriculture de l'OCDE
Avril 1976

The content of this volume corresponds to the data available at the OECD Secretariat at the end of February 1976.

Le contenu du présent volume correspond aux données disponibles au Secrétariat de l'OCDE à la fin février 1976.

GENERAL NOTES

I. PRESENTATION AND CONTENTS OF THE TABLES

This volume includes two series of tables:

In the first series, each table deals with the data relating to the area (in thousand hectares) and to the production (in thousand metric tons) of a specific crop or of a group of crops. However, for some commodities only the production data are supplied.

The second series of tables includes the data on yields (in hundred kilogrammes per hectare) of the main specific crops or of a group of crops.

For all tables, the data refer to each calendar year of the period 1955-1974. However, 1975 data (provisional figures) are included whenever the figures were available for the country and commodity under review at the time of preparation of this volume.

Each table provides the data for every OECD Member or Associate country and totals for the following group of countries:

Total OECD Member countries
(OECD Total)
OECD - North America
(Canada and United States of America)
OECD - Oceania
(Australia and New Zealand)
OECD - Europe
European Economic Community
(9 countries)
Other OECD - Europe.

The data relating to Yugoslavia (Associate country) are given in the tables but are not included in the totals.

NOTES GÉNÉRALES

I. PRESENTATION ET CONTENU DES TABLEAUX

Le présent volume comprend deux séries de tableaux.

La première série de tableaux, dont chacun est consacré à un produit (ou à un ensemble de produits) déterminé, fournit les données relatives à la superficie (en milliers d'hectares) consacrée à la culture de ce produit et à la production (en milliers de tonnes métriques) obtenue. Toutefois, pour quelques produits les statistiques fournies se réfèrent uniquement à la production.

La seconde série de tableaux fournit les données relatives au rendement (en quintaux par hectare) des produits ou groupes de produits considérés comme les plus importants.

Pour tous les tableaux, les données se réfèrent à chacune des années calendaires de la période 1955-1974. Toutefois, les données de 1975 (données provisoires) ont été incluses pour les pays et les produits pour lesquels ces données étaient disponibles au moment de l'élaboration du volume.

Chaque tableau fournit les données relatives à chacun des pays Membres ou associé de l'OCDE, ainsi que les totaux relatifs aux groupes de pays suivants :

Ensemble des pays Membres de l'OCDE
(OCDE Total)
OCDE - Amérique du Nord
(Canada et Etats-Unis)
OCDE - Océanie
(Australie et Nouvelle Zélande)
OCDE - Europe
Communauté Economique Européenne
(9 pays)
Autres pays européens Membres de l'OCDE.

Les données relatives à la Yougoslavie, pays associé à l'OCDE, figurent au tableau, mais ne sont pas comprises dans les totaux.

II. SOURCES

In principle, the data published in this volume have been extracted from official national sources. Nevertheless, in some cases international statistical publications were used, i. e. those of the Food and Agricultural Organisation of the United Nations or European Economic Community.

III. DEFINITIONS AND CONCEPTS COMPARABILITY

A fully documented study in these fields should review the definitions and methods effectively used in every Member country for compiling the statistical series for area and for production of each commodity included. For this volume it has not been possible to provide such a study.

In this publication only summary indications are given, as follows:

Notes by subjects

Areas:

According to country, the figures refer either to the cultivated or to the harvested area. When data corresponding to both definitions were available, the statistics relating to the area harvested were used.

Production:

The data refers in principle to the quantities effectively harvested (i. e. excluding production losses). For all commodities, except vegetables and fruit, the figures refer to field crops (i. e. excluding production from family gardens). For vegetables and fruit, the figures refer to total production (i. e. including the quantities grown in family gardens or orchards).

Yield:

The yield figures are obtained by dividing production data by the corresponding area.

II. SOURCES

Les données figurant dans le présent volume sont en principe extraites des sources nationales officielles. Toutefois, dans certains cas, des publications statistiques internationales - par exemple, celles de l'Organisation des Nations Unies pour l'Alimentation et l'Agriculture (FAO) ou de la Communauté Européenne - ont été utilisées.

III. DEFINITIONS ET CONCEPTS COMPARABILITE

Toute étude valable dans ces domaines impliquerait de passer en revue les définitions et méthodes effectivement utilisées dans chacun des pays Membres pour l'établissement des données relatives à la superficie et à la production de chacun des produits considérés. Pour le présent volume, il n'a pas été jugé possible de fournir une semblable étude.

On se bornera donc, pour le présent volume, aux indications sommaires suivantes:

Notes par sujets

Superficies :

Selon les pays, les chiffres se réfèrent soit aux superficies ensemencées, soit aux superficies effectivement récoltées. Lorsque, pour un pays, les données correspondant aux deux définitions étaient disponibles, ce sont les statistiques relatives aux superficies récoltées qui ont été utilisées.

Production :

Les données se réfèrent en principe aux quantités effectivement récoltées (donc non compris les pertes à la production). Pour tous les produits à l'exception des légumes et des fruits, les chiffres se réfèrent aux quantités provenant des cultures de plein champ (à l'exclusion donc de la production provenant des jardins familiaux). Pour les légumes et les fruits, les chiffres se réfèrent en principe à la production totale (y compris les quantités provenant des jardins et vergers familiaux).

Rendement :

Les rendements indiqués sont obtenus en divisant les données de production par les données de superficie.

Period:

The data refer in principle to the crops effectively harvested in total or mainly within the calendar year concerned.

Notes by Products

Cereals:

The published data refer to cereals cultivated and harvested for grain (i. e. excluding the area sown and harvested for green feed or silage). The data relating to millet, sorghum, buckwheat and to other grain not elsewhere specified are given under the heading "Other grain".

Pulses:

The data refer to the pulses cultivated for harvesting as "dry grain" (for human consumption or feed).

Potatoes:

Production in family gardens is excluded.

Oil crops:

The data relating to total oil crops includes both the oil crops which appear in specific tables (groundnuts, rapeseed, sunflower seed, linseed, cotton seed) and castor beans, sesame seed, safflower seed, poppy seed, etc.

Vegetables:

In principle, the data refer to total production (including production from family gardens) of vegetables cultivated mainly for human consumption.

Citrus fruit:

The data refer to production of oranges, tangerines, lemons, limes, grapefruit, pomelos and other citrus fruit.

Fruit other than citrus fruit:

In principle, berries are included in the data.

Nuts:

The data refer in principle to the weight in the shell.

Période :

Les données se réfèrent en principe aux récoltes effectuées en totalité ou pour la plus grande partie au cours de l'année calendaire indiquée.

Notes par produits

Céréales :

Les données indiquées se réfèrent aux céréales cultivées et récoltées pour le grain (non compris donc les superficies et les productions consacrées à la culture des céréales pour l'affourragement en vert ou l'ensilage). Sous la rubrique "autres céréales" figurent les données relatives au millet, au sorgho, au sarrasin et aux autres céréales non dénommées ailleurs.

Légumineuses :

Les données se réfèrent aux légumineuses cultivées pour être récoltées en grains secs, soit pour l'alimentation humaine, soit pour celle du bétail.

Pommes de terre :

Non compris la production des jardins familiaux.

Oléagineux :

Les données relatives à l'ensemble des oléagineux incluent les oléagineux faisant l'objet d'un tableau particulier (arachides, colza, tournesol, lin oléagineux, graines de coton) et, en outre, les graines de ricin, de sesame, de carthame, de pavot, etc.

Légumes :

Les données se réfèrent en principe à la production totale (y compris la production des jardins familiaux) des légumes cultivés principalement pour la consommation humaine.

Agrumes :

Les données se réfèrent à la production des oranges, mandarines et tangerines, citrons et limes, pamplemousses et pomelos, autres agrumes.

Fruits autres que les agrumes :

Les données comprennent en principe les baies.

Fruits à coque :

Les données se réfèrent en principe au poids en coque.

CONVENTIONAL SIGNS

...   Not available

-    Nil, or less than half the last digit shown

*   Estimated by the Secretariat.

SIGNES CONVENTIONNELS

...   Non disponible

-    Zéro ou moins de la moitié du dernier chiffre significatif

*   Estimation du Secrétariat.

WHEAT (INCLUDING SPELT - BLÉ (Y COMPRIS L'ÉPAUTRE)

	1955	1956	1957	1958	1959	1960	1961	1962	1963	1964	1965
AREA (Thousand hectares)											
O.E.C.D. - TOTAL (excluding Yugoslavia)	59193	57951	57272	62195	63108	63638	63349	63014	62814	66771	66116
O.E.C.D. NORTH AMERICA	28308	29360	26432	30432	30844	30925	31115	28533	29572	32156	31509
CANADA	9170	9219	8725	8964	9915	9930	10245	10853	11157	12018	11453
UNITED STATES	19138	20141	17707	21468	20929	20995	20870	17680	18415	20138	20056
JAPAN	663	658	618	599	601	602	649	642	584	508	476
OCEANIA	4156	3215	3608	4242	4980	5505	6034	6740	6758	7335	7162
AUSTRALIA	4114	3187	3581	4208	4926	5439	5958	6665	6667	7252	7088
NEW ZEALAND	42	28	27	34	54	66	76	75	91	83	74
O.E.C.D. - EUROPE (excluding Yugoslavia)	26066	24718	26614	26922	26683	26606	25551	27099	25900	26772	26969
EUROPEAN ECONOMIC COMMUNITY - TOTAL	11881	10198	12217	12258	11776	11746	11078	12003	10984	11740	11853
BELGIUM	197	191	214	226	207	209	212	212	204	219	230
LUXEMBOURG	18	15	21	23	20	20	20	19	18	19	18
DENMARK	67	66	64	77	88	82	105	154	135	128	127
FRANCE	4554	2745	4668	4615	4439	4358	3997	4570	3850	4388	4520
GERMANY	1171	1153	1221	1303	1342	1396	1397	1319	1382	1447	1412
IRELAND	145	137	164	170	114	148	140	127	94	87	74
ITALY	4852	4877	4911	4839	4665	4554	4345	4556	4394	4408	4288
NETHERLANDS	89	86	99	111	120	128	123	133	127	151	158
UNITED KINGDOM	788	928	855	894	781	851	739	913	780	893	1026
OTHER O.E.C.D. EUROPE (excluding Yugoslavia)	14185	14520	14397	14664	14906	14860	14473	15096	14916	15032	15116
AUSTRIA	244	251	257	263	268	277	276	270	275	283	276
FINLAND	124	133	113	127	139	181	237	286	239	268	267
GREECE	1040	1062	1088	1111	1163	1142	1173	1193	1078	1263	1258
ICELAND	-	-	-	-	-	-	-	-	-	-	-
NORWAY	18	21	14	8	9	9	10	10	7	7	4
PORTUGAL	806	786	814	812	847	738	658	728	740	685	628
SPAIN	4305	4323	4393	4379	4379	4244	3890	4263	4247	4143	4260
SWEDEN	353	397	333	282	319	329	266	306	242	267	285
SWITZERLAND	109	89	110	113	117	109	116	109	106	107	109
TURKEY	7186	7458	7275	7569	7666	7831	7847	7931	7982	8009	8029
YUGOSLAVIA	1904	1624	1974	1994	2134	2064	1964	2134	2144	2103	1683
PRODUCTION (Thousand metric tons)											
O.E.C.D. - TOTAL (excluding Yugoslavia)	83799	78497	86451	102921	95874	104807	91505	108130	108212	114270	116034
O.E.C.D. NORTH AMERICA	34619	36581	36698	50498	42532	50976	41251	45110	50901	51276	53478
CANADA	9170	9219	10688	10834	12113	14108	7713	15392	19690	16349	17674
UNITED STATES	25449	27362	26011	39664	30419	36868	33539	29718	31211	34927	35804
JAPAN	1468	1375	1330	1281	1416	1531	1781	1631	716	1244	1287
OCEANIA	5431	3731	2735	5956	5566	7686	6980	8566	9173	10311	7317
AUSTRALIA	5319	3659	2655	5855	5402	7449	6727	8353	8924	10037	7067
NEW ZEALAND	112	72	80	101	164	237	253	213	249	274	250
O.E.C.D. - EUROPE (excluding Yugoslavia)	42281	36810	45687	45186	46360	44614	41492	52823	47422	51439	53952
EUROPEAN ECONOMIC COMMUNITY - TOTAL	27602	22311	28047	27660	29312	27881	26573	34551	28277	33739	35323
BELGIUM	767	633	805	836	809	790	738	844	770	911	864
LUXEMBOURG	38	31	43	44	45	48	44	43	50	39	47
DENMARK	254	266	273	274	364	320	434	644	494	542	564
FRANCE	10365	5683	11082	9601	11544	11014	9573	14054	10249	13838	14760
GERMANY	3278	3381	3728	3582	4386	4815	3917	4453	4710	5047	4218
IRELAND	406	433	521	351	370	469	470	439	301	272	233
ITALY	9504	8684	8478	9815	8471	6794	8301	9497	8127	8586	9776
NETHERLANDS	350	309	393	402	404	590	482	603	530	712	691
UNITED KINGDOM	2641	2891	2726	2755	2830	3040	2614	3974	3046	3793	4171
OTHER O.E.C.D. EUROPE (excluding Yugoslavia)	14680	14498	17640	17525	17047	16733	14919	18272	19145	17700	18629
AUSTRIA	549	571	574	549	589	702	712	706	690	751	661
FINLAND	190	199	177	215	243	368	461	422	397	463	501
GREECE	1337	1245	1720	1786	1747	1666	1528	1722	1417	2098	2072
ICELAND	-	-	-	-	-	-	-	-	-	-	-
NORWAY	33	56	30	17	20	23	27	20	18	20	12
PORTUGAL	508	558	797	809	624	492	430	645	592	472	612
SPAIN	4003	4207	4911	4550	4644	3528	3438	4820	4865	3981	4719
SWEDEN	707	936	708	592	826	986	872	939	731	1098	1070
SWITZERLAND	338	217	304	337	349	378	316	418	299	388	352
TURKEY	7016	6510	8419	8671	7987	8590	7135	8580	10137	8440	8630
YUGOSLAVIA	2436	1603	3103	2453	4134	3574	3174	3513	4144	3703	3462

WHEAT (INCLUDING SPELT - BLÉ (Y COMPRIS L'ÉPAUTRE)

SUPERFICIE (Milliers d'hectares)

	1966	1967	1968	1969	1970	1971	1972	1973	1974	1975	1976
O.C.D.E. - TOTAL (non compris la Yougoslavie)	66854	71114	71577	65145	55152	60357	61271	65525*	69291		
O.C.D.E. AMÉRIQUE DU NORD	32094	35805	34071	29181	22692	27147	27775	31373	35485		
CANADA	12016	12190	11908	10101	5052	7854	8640	9573	8932		
ÉTATS-UNIS	20078	23615	22163	19080	17630	19293	19135	21800	26553	28189	
JAPON	421	367	322	287	229	166	114	75	83		
OCÉANIE	8508	9175	10972	9616	6587	7236	7710	9056	8217	8765	
AUSTRALIE	8427	9082	10845	9486	6479	7138	7604	8948	8144	8706	
NOUVELLE ZÉLANDE	81	93	127	130	108	98	106	108	73	59	
O.C.D.E. - EUROPE (non compris la Yougoslavie)	25831	25767	26212	26061	25654	25808	25672	25021*	25506		
COMMUNAUTE ECONOMIQUE EUROPÉENNE - TOTAL	11088	10824	11373	11130	10936	11096	11087	10831	11226	10474	
BELGIQUE	215	201	206	202	187	201	211	203	200	183	
LUXEMBOURG	17	15	15	14	11	12	11	11	11	9	
DANEMARK	94	90	97	98	114	121	135	123	111	105	
FRANCE	3992	3929	4090	4034	3746	3978	3949	3958	4143	3870	
ALLEMAGNE	1389	1414	1464	1494	1493	1544	1626	1603	1631	1569	
IRLANDE	53	76	90	82	95	91	68	59	55	49	
ITALIE	4274	4012	4280	4218	4138	3910	3804	3590	3712	3545	
PAYS-BAS	148	154	153	155	142	142	156	138	130	107	
ROYAUME-UNI	906	933	978	833	1010	1097	1127	1146	1233	1037	
AUTRES PAYS EUROPÉENS DE L'O.C.D.E. (non compris la Yougoslavie)	14743	14943	14839	14931	14718	14712	14585	14190*	14280		
AUTRICHE	314	316	306	286	275	274	274	266	269		
FINLANDE	209	252	241	204	176	173	179	188	217	219	
GRÈCE	1132	1051	1098	1078	975	977	885	841*	919		
ISLANDE	-	-	-	-	-	-	-	-	-	-	
NORVÈGE	2	3	5	4	4	3	3	5	14	16	
PORTUGAL	523	587	516	473	494	509	489	442	462	493	
ESPAGNE	4191	4262	3966	3770	3757	3656	3588	3152	3164		
SUÈDE	195	254	248	265	245	245	268	290	338	303	
SUISSE	108	106	107	108	97	96	97	91	89		
TURQUIE	8069	8112	8352	8743	8675	8779	8802	8915	8808		
YOUGOSLAVIE	1833	1883	2013	2021	1843	1930	1925	1698	1844		

PRODUCTION (Milliers de tonnes métriques)

	1966	1967	1968	1969	1970	1971	1972	1973	1974	1975	1976
O.C.D.E. - TOTAL (non compris la Yougoslavie)	121544	123323	133188	124946	108320	132176	126951	135579*	141349*		
O.C.D.E. AMÉRIQUE DU NORD	58029	57166	60052	57530	45807	58440	56559	62565	62180		
CANADA	22516	16137	17688	18267	9024	14412	14513	16158	13295		
ÉTATS-UNIS	35513	41029	42364	39263	36783	44028	42045	46407	48885	58073	
JAPON	1024	997	1012	758	474	440	284	202	232		
OCÉANIE	12991	7895	15246	11003	8177	8836	6823	12278	11500*	10203*	
AUSTRALIE	12699	7547	14804	10546	7890	8510	6434	11902	11251*	10000*	
NOUVELLE ZÉLANDE	292	348	442	457	287	326	389	376	249	203	
O.C.D.E. - EUROPE (non compris la Yougoslavie)	49501	57265	56877	55656	53862	64461	63285	60534*	67437*		
COMMUNAUTE ECONOMIQUE EUROPÉENNE - TOTAL	30365	35810	36577	35523	34635	39844	41178	41209	45155	37902*	
BELGIQUE	574	874	855	770	735	915	950	1015	1044	702	
LUXEMBOURG	39	49	45	48	28	39	35	34	34	22	
DANEMARK	401	420	465	429	513	585	592	542	592	538	
FRANCE	11297	14288	14985	14459	13992	15482	18046	17822	19142	15041	
ALLEMAGNE	4397	5644	6012	5820	5492	6928	6410	6921	7528	6804	
IRLANDE	185	298	412	363	391	380	270	229	245	212*	
ITALIE	9400	9596	9655	9585	9689	9994	9421	8920	9695	9620	
PAYS-BAS	598	739	679	677	640	706	674	725	746	528	
ROYAUME-UNI	3475	3903	3469	3364	4236	4815	4780	5002	6130	4435	
AUTRES PAYS EUROPÉENS DE L'O.C.D.E. (non compris la Yougoslavie)	19136	21455	20300	20134	19226	24617	22107	19325*	22282*		
AUTRICHE	807	1045	1045	950	810	974	863	939	1102		
FINLANDE	368	507	516	481	409	443	462	462	593	622	
GRÈCE	2020	1936	1568	1723	1931	1946	1768	1459*	2143*		
ISLANDE	-	-	-	-	-	-	-	-	-	-	
NORVÈGE	4	11	16	11	12	10	12	20	62		
PORTUGAL	312	637	748	454	548	794	604	517	534	646	
ESPAGNE	4881	5654	5315	4626	4127	5450	4563	3967	4535		
SUÈDE	591	1130	1074	917	962	995	1150	1336	1825	1246	
SUISSE	348	425	416	379	346	410	410	345	409		
TURQUIE	9715	10110	9603	10593	10081	13594	12275	10080	11080		
YOUGOSLAVIE	4603	4823	4363	4882	3792	5605	4844	4751	6283		

RYE - SEIGLE

AREA (Thousand hectares)

	1955	1956	1957	1958	1959	1960	1961	1962	1963	1964	1965
O.E.C.D. - TOTAL (excluding Yugoslavia)	5385	5194	5145	5133	4918	4879	4587	4669	4406	4434	4376
O.E.C.D. NORTH AMERICA	1131	878	915	935	806	910	851	1060	927	968	919
CANADA	302	221	220	208	216	227	227	258	284	282	323
UNITED STATES	829	657	695	727	590	683	624	802	643	686	596
JAPAN	2	2	4	5	1	1	1	1	1	1	1
OCEANIA	28	28	29	40	29	34	25	23	23	29	26
AUSTRALIA	28	28	29	40	29	34	25	23	23	29	26
NEW ZEALAND	-	-	-	-	-						
O.E.C.D. - EUROPE (excluding Yugoslavia)	4224	4286	4197	4153	4082	3934	3710	3585	3455	3436	3430
EUROPEAN ECONOMIC COMMUNITY - TOTAL	2260	2290	2254	2258	2156	2063	1862	1720	1698	1670	1629
BELGIUM	74	68	66	69	59	63	43	39	41	42	33
LUXEMBOURG	4	4	4	4	4	4	4	2	3	3	5
DENMARK	77	108	116	123	121	157	183	174	116	93	88
FRANCE	387	371	364	347	328	299	261	243	232	220	221
GERMANY	1475	1483	1465	1492	1425	1316	1182	1091	1138	1146	1128
IRELAND	1	1	1	1	1	1	1	1	1	1	1
ITALY	80	73	71	68	68	63	60	56	53	51	48
NETHERLANDS	154	171	157	145	144	153	120	107	106	106	98
UNITED KINGDOM	8	11	10	9	6	7	8	7	8	8	7
OTHER O.E.C.D. EUROPE (excluding Yugoslavia)	1964	1996	1943	1895	1926	1871	1848	1865	1757	1766	1801
AUSTRIA	214	213	210	206	218	171	212	209	156	166	157
FINLAND	86	89	85	76	103	111	94	82	76	103	111
GREECE	58	53	47	43	33	29	25	22	20	18	16
ICELAND	-	-	-	-	-	-	-	-	-	-	-
NORWAY	1	1	1	1	1	1	1	1	1	1	1
PORTUGAL	254	254	255	253	272	269	299	309	319	312	316
SPAIN	604	607	570	554	540	509	485	486	438	406	393
SWEDEN	95	123	115	92	97	97	69	70	38	43	62
SWITZERLAND	11	14	5	5	5	14	11	16	16	17	15
TURKEY	641	642	655	665	657	670	652	670	693	700	730
YUGOSLAVIA	278	252	256	248	236	213	180	177	157	157	146

PRODUCTION (Thousand metric tons)

	1955	1956	1957	1958	1959	1960	1961	1962	1963	1964	1965
O.E.C.D. - TOTAL (excluding Yugoslavia)	8042	8132	8433	8436	8265	8524	6581	7815	7601	7954	7251
O.E.C.D. NORTH AMERICA	1091	755	937	1039	801	1101	860	1345	1091	1139	1299
CANADA	352	214	213	196	214	260	166	311	350	314	453
UNITED STATES	739	541	724	843	586	841	694	1034	741	825	846
JAPAN	2	1	2	2	2	2	2	2	2	2	2
OCEANIA	11	12	9	22	11	16	11	10	10	14	11
AUSTRALIA	11	12	9	22	11	16	11	10	10	14	11
NEW ZEALAND	-	-									
O.E.C.D. - EUROPE (excluding Yugoslavia)	6939	7364	7485	7373	7452	7406	5708	6458	6498	6799	5939
EUROPEAN ECONOMIC COMMUNITY - TOTAL	4858	5213	5270	5116	5226	5324	3840	4316	4363	4792	3855
BELGIUM	220	196	190	200	186	188	119	121	123	136	98
LUXEMBOURG	8	8	8	8	8	9	8	5	8	6	10
DENMARK	191	291	313	307	289	454	514	512	320	292	264
FRANCE	440	471	481	429	470	418	347	355	357	389	387
GERMANY	3390	3623	3702	3616	3768	3681	2437	2873	3142	3501	2740
IRELAND	3	3	2	2	2	2	1	1	1	1	1
ITALY	123	105	92	105	105	93	96	93	77	86	83
NETHERLANDS	465	492	458	428	386	460	301	339	313	356	250
UNITED KINGDOM	19	25	24	21	13	18	18	17	22	25	21
OTHER O.E.C.D. EUROPE (excluding Yugoslavia)	2080	2150	2215	2257	2226	2082	1867	2141	2136	2008	2084
AUSTRIA	416	434	400	397	417	354	472	467	323	388	316
FINLAND	119	124	115	111	142	186	127	101	124	163	190
GREECE	54	47	45	41	27	28	22	20	18	18	16
ICELAND	-	-	-	-	-	-	-	-	-	-	-
NORWAY	2	3	1	1	2	4	3	4	3	2	2
PORTUGAL	155	171	203	209	175	138	119	171	216	167	209
SPAIN	493	511	496	515	533	385	351	453	424	346	349
SWEDEN	164	259	225	164	205	241	170	170	79	126	177
SWITZERLAND	29	36	30	39	40	47	34	65	50	63	51
TURKEY	650	566	700	780	665	700	570	690	900	735	775
YUGOSLAVIA	263	205	280	241	263	233	191	169	156	175	156

RYE - SEIGLE

1966	1967	1968	1969	1970	1971	1972	1973	1974	1975	1976	
SUPERFICIE (Milliers d'hectares)											
3970*	3779*	3623*	3666*	3608*	3777*	3295*	3051*	3049*			O.C.D.E. - TOTAL (non compris la Yougoslavie)
810	707	677	865	913	1097	696	674	704			O.C.D.E. AMÉRIQUE DU NORD
294	277	274	343	336	387	257	256	341			CANADA
516	430	403	522	577	710	439	418	363	327		ÉTATS-UNIS
1*	1*	1*	1*	1*	1*	1*	1*	1*			JAPON
35	35	39	34	41	41	28	28	35*			OCÉANIE
35	35	39	34	41	41	28	28	35*			AUSTRALIE
-	-	-	-	-	-	-	-	-	-		NOUVELLE ZÉLANDE
3124	3036	2906	2766	2653	2638	2570	2348*	2309			O.C.D.E. - EUROPE (non compris la Yougoslavie)
1422	1341	1313	1191	1159	1157	1112	975	927	838*		COMMUNAUTÉ ÉCONOMIQUE EUROPÉENNE - TOTAL
29	26	26	21	20	24	21	17	14	10		BELGIQUE
3	3	2	1	1	2	1	1	1	1*		LUXEMBOURG
46	38	39	38	44	42	43	42	46	51		DANEMARK
198	175	163	154	135	129	126	122	115	111		FRANCE
1021	975	962	873	865	865	843	739	708	624		ALLEMAGNE
1	1	-	-	-	-	-	-	-			IRLANDE
46	46	42	38	35	29	18	18	17	17		ITALIE
74	73	75	62	55	60	54	31	22	18		PAYS-BAS
4	4	4	4	4	6	6	5	4	6		ROYAUME-UNI
1702	1695	1593	1575	1494	1481	1458	1373*	1382			AUTRES PAYS EUROPÉENS DE L'O.C.D.E. (non compris la Yougoslavie)
144	139	142	147	137	145	144	123	123			AUTRICHE
93	96	72	70	66	59	59	52	73	38		FINLANDE
14	11	8	8	7	7	6	5*	5			GRÈCE
-	-	-	-	-	-	-	-	-			ISLANDE
-	1	1	1	2	1	1	2	3	1		NORVÈGE
282	239	230	228	226	225	226	207	210	184		PORTUGAL
384	398	366	353	313	294	278	268	249			ESPAGNE
40	61	69	72	90	83	107	95	109	96		SUÈDE
13	15	15	11	13	12	12	11	10			SUISSE
732	735	690	685	650	655	625	610	600			TURQUIE
141	138	132	124	112	110	104	96	92			YOUGOSLAVIE
PRODUCTION (Milliers de tonnes métriques)											
6616*	7112*	7105*	6904*	6504*	7876*	6831*	6213*	6137*			O.C.D.E. - TOTAL (non compris la Yougoslavie)
1143	912	914	1152	1416	1809	1085	1030	970			O.C.D.E. AMÉRIQUE DU NORD
437	304	331	385	480	557	344	363	480			CANADA
706	608	584	767	936	1252	741	667	490	454		ÉTATS-UNIS
2*	1*	1*	1*	1*	1*	1*	1*	1*			JAPON
16	10	16	11	23	23	10	9	9*			OCÉANIE
16	10	16	11	22	22	9	8	8*			AUSTRALIE
-	-	-	-	1	1	1	1	1*	1*		NOUVELLE ZÉLANDE
5454	6189	6174	5740	5155	6044	5735	5173*	5157*			O.C.D.E. - EUROPE (non compris la Yougoslavie)
3475	3963	3971	3604	3324	3759	3603	3192	3146	2682*		COMMUNAUTÉ ÉCONOMIQUE EUROPÉENNE - TOTAL
76	90	87	73	65	86	76	63	50	32		BELGIQUE
5	10	6	4	3	5	4	4	1	1*		LUXEMBOURG
137	118	131	126	134	150	155	140	168	167		DANEMARK
357	344	327	309	287	294	325	327	315	301		FRANCE
2615	3067	3093	2802	2585	2941	2830	2499	2483	2061		ALLEMAGNE
1	1	1	1	1	1	1	1	-			IRLANDE
83	82	75	71	69	55	38	38	37	37		ITALIE
190	239	239	207	148	209	152	105	78	63		PAYS-BAS
11	12	11	11	13	18	19	16	14	19		ROYAUME-UNI
1979	2226	2203	2136	1830	2285	2133	1981*	2011*			AUTRES PAYS EUROPÉENS DE L'O.C.D.E. (non compris la Yougoslavie)
363	377	413	440	363	448	402	400	415			AUTRICHE
119	163	134	126	131	132	119	124	134	81		FINLANDE
15	13	8	9	9	8	8	6*	7*			GRÈCE
-	-	-	-	-	-	-	-	-			ISLANDE
1	2	4	4	5	5	5	7	11			NORVÈGE
145	175	199	167	157	169	164	134	143	155		PORTUGAL
353	336	355	345	259	272	263	252	254			ESPAGNE
89	197	211	184	228	305	366	324	440	320		SUÈDE
44	63	58	43	49	52	50	45	46			SUISSE
850	900	820	817	630	895	755	690	560			TURQUIE
176	171	138	135	127	134	120	118	120			YOUGOSLAVIE

RYE AND MIXED WINTER CEREALS - SEIGLE ET MÉLANGES DE CÉRÉALES D'HIVER

AREA (Thousand hectares)

	1955	1956	1957	1958	1959	1960	1961	1962	1963	1964	1965
O.E.C.D. - TOTAL (excluding Yugoslavia)	5494*	5314	5253	5246	5027	4996	4682	4752	4495	4515*	4449
O.E.C.D. NORTH AMERICA	1131	878	915	935	806	910	851	1060	927	968	919
CANADA	302	221	220	208	216	227	227	258	284	282	323
UNITED STATES	829	657	695	727	590	683	624	802	643	686	596
JAPAN	2	2	4	5	1	1	1	1	1	1	1
OCEANIA	28	28	29	40	29	34	25	23	23	29	26
AUSTRALIA	28	28	29	40	29	34	25	23	23	29	26
NEW ZEALAND	-	-	-	-			-				-
O.E.C.D. - EUROPE (excluding Yugoslavia)	4333*	4406	4305	4266	4191	4051	3805	3668	3544	3517*	3503
EUROPEAN ECONOMIC COMMUNITY - TOTAL	2353	2392	2345	2354	2249	2165	1942	1788	1774	1739	1692
BELGIUM	75	69	67	70	60	64	44	40	42	43	34
LUXEMBOURG	5	4	4	4	4	4	4	2	3	3	5
DENMARK	77	108	116	123	121	157	183	174	116	93	88
FRANCE	411	409	389	369	350	317	276	254	248	233	232
GERMANY	1542	1546	1530	1565	1405	1399	1246	1147	1197	1201	1179
IRELAND	1	1	1	1	1	1	1	1	1	1	1
ITALY	80	73	71	68	68	63	60	56	53	51	48
NETHERLANDS	154	171	157	145	144	153	120	107	106	106	98
UNITED KINGDOM	8	11	10	9	6	7	8	7	8	8	7
OTHER O.E.C.D. EUROPE (excluding Yugoslavia)	1980*	2014	1960	1912	1942	1886	1863	1880	1770	1778*	1811
AUSTRIA	220	219	216	212	224	177	218	215	162	171	162
FINLAND	86	89	85	76	103	111	94	82	76	103	111
GREECE	58	53	47	43	33	29	25	22	20	18	16
ICELAND	-	-	-	-		-		-		-	
NORWAY	1	1	1	1	1	1	1	1	1	1	1
PORTUGAL	254	254	255	253	272	269	299	309	319	312	316
SPAIN	610*	613	577	561	546	515	491	492	443	411*	397
SWEDEN	95	123	115	92	91	97	69	70	38	43	62
SWITZERLAND	15	20	9	9	9	17	14	19	18	19	16
TURKEY	641	642	655	665	657	670	652	670	693	700	730
YUGOSLAVIA	320	299	300	289	275	252	213	208	185	182	171

PRODUCTION (Thousand metric tons)

	1955	1956	1957	1958	1959	1960	1961	1962	1963	1964	1965
O.E.C.D. - TOTAL (excluding Yugoslavia)	8266*	8376	8674	8682	8526	8827	6776	8026	7826	8171*	7420
O.E.C.D. NORTH AMERICA	1091	755	937	1039	801	1101	860	1345	1091	1139	1299
CANADA	352	214	213	196	214	260	166	311	350	314	453
UNITED STATES	739	541	724	843	586	841	694	1034	741	825	846
JAPAN	2	1	2	2	2	2	2	2	2	2	2
OCEANIA	11	12	9	22	11	16	11	10	10	14	11
AUSTRALIA	11	12	9	22	11	16	11	10	10	14	11
NEW ZEALAND	-	-	-	-		-		-		-	
O.E.C.D. - EUROPE (excluding Yugoslavia)	7162*	7608	7726	7620	7713	7709	5903	6669	6723	7017*	6108
EUROPEAN ECONOMIC COMMUNITY - TOTAL	5055	5429	5483	5335	5459	5601	4011	4498	4565	4987	4006
BELGIUM	222	200	192	202	187	190	121	123	126	138	100
LUXEMBOURG	8	9	9	9	9	10	8	5	8	6	11
DENMARK	191	291	313	307	289	454	514	512	320	292	264
FRANCE	473	525	518	461	504	447	370	375	383	411	408
GERMANY	3551	3780	3875	3801	3964	3927	2582	3032	3315	3671	2868
IRELAND	3	3	2	2	2	2	1	1	1	1	1
ITALY	123	105	92	105	105	93	96	93	77	86	83
NETHERLANDS	465	492	458	428	386	460	301	339	313	356	250
UNITED KINGDOM	19	25	24	21	13	18	18	17	22	25	21
OTHER O.E.C.D. EUROPE (excluding Yugoslavia)	2107*	2179	2243	2285	2254	2108	1892	2171	2158	2030*	2101
AUSTRIA	428	446	411	409	429	366	486	483	335	401	326
FINLAND	119	124	115	111	162	186	127	101	124	163	190
GREECE	54	47	45	41	27	28	22	20	18	18	16
ICELAND	-	-	-	-		-		-		-	
NORWAY	2	3	1	1	2	4	3	4	3	2	2
PORTUGAL	155	171	203	209	175	138	119	171	216	167	209
SPAIN	406*	514	501	519	536	389	355	457	427	349*	351
SWEDEN	164	259	225	164	205	241	170	170	79	126	177
SWITZERLAND	40	51	42	51	52	56	41	75	56	69	55
TURKEY	650	566	700	780	665	700	570	690	900	735	775
YUGOSLAVIA	307	244	325	282	310	279	231	203	187	202	187

RYE AND MIXED WINTER CEREALS - SEIGLE ET MÉLANGES DE CÉRÉALES D'HIVER

SUPERFICIE (Milliers d'hectares)

1966	1967	1968	1969	1970	1971	1972	1973	1974	1975	1976	
4037*	3843*	3688*	3722*	3663*	3833*	3345*	3093*	3087*			O.C.D.E. - TOTAL (non compris la Yougoslavie)
810	707	677	865	913	1097	696	674	704			O.C.D.E. AMÉRIQUE DU NORD
294	277	274	343	336	387	257	256	341			CANADA
516	430	403	522	577	710	439	418	363	327		ÉTATS-UNIS
1*	1*	1*	1*	1*	1*	1*	1*	1*			JAPON
35	35	39	34	41	41	28	28	35*			OCÉANIE
35	35	39	34	41	41	28	28	35*			AUSTRALIE
-	-	-	-	-	-	-	-	-		.	NOUVELLE ZÉLANDE
3191	3100	2971	2822	2708	2694	2620	2390*	2347			O.C.D.E. - EUROPE (non compris la Yougoslavie)
1480	1396	1370	1240	1207	1207	1157	1012	960			COMMUNAUTÉ ÉCONOMIQUE EUROPÉENNE - TOTAL
30	27	27	22	21	25	22	17	14			BELGIQUE
3	3	2	1	1	2	1	1	1			LUXEMBOURG
46	38	39	38	44	42	43	42	46	51		DANEMARK
209	185	174	164	144	137	134	129	121	117*		FRANCE
1067	1019	1007	911	903	906	879	769	735	649		ALLEMAGNE
1	1	-	-	-	-	-	-	-			IRLANDE
46	46	42	38	35	29	18	18	17	17		ITALIE
74	73	75	62	55	60	54	31	22	18		PAYS-BAS
4	4	4	4	4	6	6	5	4	6		ROYAUME-UNI
1711	1704	1601	1582	1501	1487	1463	1378*	1387			AUTRES PAYS EUROPÉENS DE L'O.C.D.E. (non compris la Yougoslavie)
149	144	147	152	142	150	148	127	127			AUTRICHE
93	96	72	70	66	59	59	52	73	38		FINLANDE
14	11	8	8	7	7	6	5*	5			GRÈCE
-	-	-	-	2	-	-	-	3	-		ISLANDE
-	1	1	1	2	1	1	2	3	1		NORVÈGE
282	239	230	228	226	225	226	207	210	184		PORTUGAL
387	401	368	354	314	294	278	268	249			ESPAGNE
40	61	69	72	90	83	107	95	109	96		SUÈDE
14	16	16	12	14	13	13	12	11			SUISSE
732	735	690	685	650	655	625	610	600			TURQUIE
164	159	151	142	128	124	117	107	102			YOUGOSLAVIE

PRODUCTION (Milliers de tonnes métriques)

1966	1967	1968	1969	1970	1971	1972	1973	1974	1975	1976	
6787*	7314*	7306*	7073*	6749*	8067*	6994*	6362*	6276*			O.C.D.E. - TOTAL (non compris la Yougoslavie)
1143	912	914	1152	1416	1809	1085	1030	970			O.C.D.E. AMÉRIQUE DU NORD
437	304	331	385	480	557	344	363	480			CANADA
706	608	584	767	936	1252	741	667	490	454		ÉTATS-UNIS
2*	1*	1*	1*	1*	1*	1*	1*	1*			JAPON
16	10	16	11	23	23	10	9	9*			OCÉANIE
16	10	16	11	22	22	9	8	8*			AUSTRALIE
-	-	-	-	1	1	1	1	1*	1*		NOUVELLE ZÉLANDE
5626	6391	6375	5909	5309	6234	5899	5322*	5297*			O.C.D.E. - EUROPE (non compris la Yougoslavie)
3625	4143	4150	3755	3462	3932	3750	3324	3268*	2791*		COMMUNAUTÉ ECONOMIQUE EUROPÉENNE - TOTAL
77	93	89	77	67	89	79	63	50	32		BELGIQUE
5	10	7	4	3	6	5	4	1*	1*		LUXEMBOURG
137	118	131	126	134	150	155	140	168	167		DANEMARK
379	370	351	330	306	313	349	346	335	318		FRANCE
2741	3218	3247	2928	2702	3092	2953	2611	2586	2153		ALLEMAGNE
1	1	1	1	1	-	1	-	-			IRLANDE
83	82	75	71	69	55	38	38	37	37		ITALIE
190	239	239	207	148	209	152	105	78	63		PAYS-BAS
11	12	11	11	13	18	19	16	14	19		ROYAUME-UNI
2001	2248	2224	2155	1848	2302	2149	1999*	2028*			AUTRES PAYS EUROPÉENS DE L'O.C.D.E. (non compris la Yougoslavie)
377	392	429	455	377	463	415	414	429			AUTRICHE
119	163	134	126	131	132	119	124	134	81		FINLANDE
15	13	8	9	9	8	8	6*	7*			GRÈCE
-	-	-	-	-	-	-	-	-			ISLANDE
1	2	4	4	5	5	5	7	11			NORVÈGE
145	175	199	167	157	169	164	134	143	155		PORTUGAL
356	339	357	346	240	272	264	254	256*			ESPAGNE
89	197	211	184	228	305	366	324	440	320		SUÈDE
50	67	62	46	52	54	53	47	48			SUISSE
850	900	820	817	630	895	755	690	560			TURQUIE
205	197	159	157	145	151	135	131	133			YOUGOSLAVIE

BARLEY - ORGE

AREA (Thousand hectares)

	1955	1956	1957	1958	1959	1960	1961	1962	1963	1964	1965
O.E.C.D. - TOTAL (excluding Yugoslavia)	20983	20962	21759	22098	21978	21562	21040	20418	21359	20373	20676
O.E.C.D. NORTH AMERICA	9878	8596	9825	9744	9208	8382	7582	7084	7048	6383	6186
CANADA	4001	3395	3806	3758	3191	2775	2399	2140	2500	2224	2477
UNITED STATES	5877	5201	6019	5986	6017	5607	5183	4944	4548	4159	3709
JAPAN	996	982	934	918	803	838	692	612	566	478	422
OCEANIA	783	867	882	990	985	1170	991	851	850	873	965
AUSTRALIA	766	847	858	963	963	1145	964	820	815	835	930
NEW ZEALAND	17	20	24	27	22	25	27	31	35	38	35
O.E.C.D. - EUROPE (excluding Yugoslavia)	9326	10517	10118	10446	10892	11172	11775	11871	12895	12639	13103
EUROPEAN ECONOMIC COMMUNITY - TOTAL	4120	5229	4785	5028	5474	5721	6324	6369	7148	7104	7476
BELGIUM	82	91	86	95	110	106	121	128	134	128	146
LUXEMBOURG	7	9	7	6	7	7	7	9	8	9	10
DENMARK	610	648	691	721	752	756	799	830	938	950	1041
FRANCE	1313	2283	1643	1782	1989	2089	2259	2177	2538	2360	2430
GERMANY	779	851	872	878	951	980	1120	1138	1144	1153	1193
IRELAND	86	96	124	125	135	133	146	164	174	184	188
ITALY	244	238	229	224	221	216	220	210	204	197	186
NETHERLANDS	70	73	72	82	72	69	103	100	101	87	99
UNITED KINGDOM	929	940	1061	1115	1237	1365	1549	1613	1907	2036	2183
OTHER O.E.C.D. EUROPE (excluding Yugoslavia)	5206	5288	5333	5418	5418	5451	5451	5502	5747	5535	5627
AUSTRIA	156	168	173	173	178	209	188	193	229	227	220
FINLAND	177	193	221	223	233	213	201	205	262	252	252
GREECE	207	206	199	195	185	181	189	185	175	167	203
ICELAND	-	-	-	-	-	-	-	-	-	-	-
NORWAY	101	109	135	145	141	145	154	164	179	182	189
PORTUGAL	151	154	155	152	137	120	127	134	126	110	126
SPAIN	1539	1575	1533	1513	1452	1428	1450	1449	1447	1381	1374
SWEDEN	213	240	263	293	317	294	327	337	447	436	462
SWITZERLAND	22	31	24	24	25	25	29	35	32	30	31
TURKEY	2640	2612	2630	2700	2750	2836	2786	2800	2850	2750	2770
YUGOSLAVIA	338	353	408	390	378	363	371	351	350	369	405

PRODUCTION (Thousand metric tons)

	1955	1956	1957	1958	1959	1960	1961	1962	1963	1964	1965
O.E.C.D. - TOTAL (excluding Yugoslavia)	34892	39059	37619	39915	39963	42641	38803	44443	47353	46571	49017
O.E.C.D. NORTH AMERICA	14243	14059	14343	15571	13844	13553	10997	12924	13370	12073	13310
CANADA	5467	5858	4703	5178	4695	4212	2452	3611	4817	3668	4753
UNITED STATES	8776	8201	9640	10393	9149	9340	8544	9313	8553	8405	8558
JAPAN	2408	2341	2160	2067	2308	2301	1976	1726	759	1202	1234
OCEANIA	990	1164	757	1509	835	1613	1019	979	1079	1249	1055
AUSTRALIA	945	1118	692	1428	775	1542	941	898	984	1118	949
NEW ZEALAND	45	46	65	81	60	71	78	81	95	131	106
O.E.C.D. - EUROPE (excluding Yugoslavia)	17252	21495	20359	20769	22976	25174	24812	28814	32145	32047	33418
EUROPEAN ECONOMIC COMMUNITY - TOTAL	10973	15076	12907	13218	15527	17315	17522	20643	22702	23724	24782
BELGIUM	281	287	296	318	308	382	408	499	482	516	520
LUXEMBOURG	16	19	14	14	17	18	19	23	23	19	30
DENMARK	2200	2402	2560	2485	2338	2801	2808	3300	3399	3900	4126
FRANCE	2671	6413	3626	3892	4931	5716	5413	6003	7384	6791	7378
GERMANY	2017	2241	2429	2342	2751	3124	2640	3632	3454	3798	3264
IRELAND	250	319	390	336	440	442	516	603	589	551	616
ITALY	292	276	296	296	279	232	279	285	280	252	285
NETHERLANDS	264	273	292	315	268	291	385	431	387	376	373
UNITED KINGDOM	2983	2845	3004	3220	4080	4309	5054	5866	6705	7523	8191
OTHER O.E.C.D. EUROPE (excluding Yugoslavia)	6279	6420	7453	7551	7449	7859	7291	8172	9443	8324	8635
AUSTRIA	346	385	392	336	405	589	512	557	617	605	523
FINLAND	262	286	248	406	332	440	365	270	492	370	502
GREECE	224	229	241	266	217	240	221	232	207	242	338
ICELAND	-	-	-	-	-	-	-	-	-	-	-
NORWAY	210	297	316	340	304	400	428	343	463	480	485
PORTUGAL	72	78	101	102	86	50	52	72	61	46	72
SPAIN	1718	1551	1881	1778	2092	1562	1744	2162	2071	1927	1891
SWEDEN	399	600	554	653	667	802	929	912	1149	1349	1430
SWITZERLAND	63	94	70	71	76	76	92	125	95	105	95
TURKEY	2985	2900	3650	3600	3300	3700	2948	3500	4288	3200	3300
YUGOSLAVIA	390	344	604	470	575	529	571	475	524	534	682

BARLEY - ORGE

SUPERFICIE (Milliers d'hectares)

1966	1967	1968	1969	1970	1971	1972	1973	1974	1975	1976	
22560	22842	24100	24771	25703	28030	27070	27404*	26437*			O.C.D.E. - TOTAL (non compris la Yougoslavie)
7168	7022	7521	7655	7940	9766	8990	9069	7960			O.C.D.E. AMÉRIQUE DU NORD
3020	3287	3583	3787	4004	5658	5062	4839	4654			CANADA
4148	3735	3938	3868	3936	4108	3928	4230	3306	3525		ÉTATS-UNIS
388	352	316	283	226	164	121	80	78			JAPON
1045	1094	1404	1585	2056	2616	2236	1968	1981	2319		OCÉANIE
1011	1057	1341	1521	2000	2535	2140	1894	1900	2200		AUSTRALIE
34	37	63	64	56	81	96	74	81	119		NOUVELLE ZÉLANDE
13959	14374	14859	15248	15481	15484	15723	16287*	16418*			O.C.D.E. - EUROPE (non compris la Yougoslavie)
8181	8373	8399	8607	8707	8516	8606	8880	8737	9052		COMMUNAUTÉ ECONOMIQUE EUROPÉENNE - TOTAL
160	153	153	155	170	149	149	156	150	123		BELGIQUE
12	13	14	16	18	15	17	17	16	18		LUXEMBOURG
1112	1171	1254	1305	1351	1370	1406	1445	1437	1448		DANEMARK
2642	2818	2781	2859	2953	2671	2676	2788	2713	2779		FRANCE
1288	1308	1330	1387	1475	1505	1549	1671	1665	1758		ALLEMAGNE
187	183	184	198	214	235	252	243	246	236		IRLANDE
179	181	175	175	179	185	186	203	223	249		ITALIE
120	107	107	99	104	98	83	90	73	83		PAYS-BAS
2481	2439	2401	2413	2243	2288	2288	2267	2214	2358		ROYAUME-UNI
5778	6001	6460	6641	6774	6968	7117	7407*	7681*			AUTRES PAYS EUROPÉENS DE L'O.C.D.E. (non compris la Yougoslavie)
230	232	238	274	290	295	296	318	319			AUTRICHE
321	346	359	373	404	408	466	458	443	464		FINLANDE
284	351	332	282	343	380	409	412*	407*			GRÈCE
•	•	•	•	•	•	•	•	•	•		ISLANDE
187	179	176	185	184	179	181	172	170	180		NORVÈGE
111	107	115	100	88	92	89	81	94	96		PORTUGAL
1338	1499	1923	2110	2224	2371	2519	2773	3027			ESPAGNE
565	530	557	593	610	604	588	599	595	596		SUÈDE
32	32	30	37	41	39	39	44	46			SUISSE
2710	2725	2730	2687	2590	2600	2530	2550	2580			TURQUIE
394	343	312	299	280	280	290	328	331			YOUGOSLAVIE

PRODUCTION (Milliers de tonnes métriques)

1966	1967	1968	1969	1970	1971	1972	1973	1974	1975	1976	
53234	56637	60128	62638	59740	72584	70091	69261*	68361*			O.C.D.E. - TOTAL (non compris la Yougoslavie)
15096	13643	16377	17382	17949	23192	20504	19402	15424			O.C.D.E. AMÉRIQUE DU NORD
6559	5505	7099	8084	8889	13099	11285	10224	8803			CANADA
8537	8137	9278	9298	9060	10094	9220	9178	6621	8338		ÉTATS-UNIS
1105	1032	1020	812	573	503	324	216	233			JAPON
1511	969	1865	1932	2525	3325	2063	2656	2867	2414*		OCÉANIE
1397	835	1646	1699	2351	3066	1727	2398	2576	2080*		AUSTRALIE
114	134	219	233	174	259	336	258	291	334		NOUVELLE ZÉLANDE
35522	40993	40866	42513	38692	45564	47200	46988*	49838*			O.C.D.E. - EUROPE (non compris la Yougoslavie)
25887	30150	29304	30427	27075	30908	33502	34227	34638	32058		COMMUNAUTÉ ECONOMIQUE EUROPÉENNE - TOTAL
486	623	574	557	527	590	639	718	701	428		BELGIQUE
37	46	48	53	44	53	54	58	51	48		LUXEMBOURG
4159	4382	5047	5255	4813	5458	5571	5432	5967	5179		DANEMARK
7421	9874	9139	9452	8126	8910	10466	10844	10037	9336		FRANCE
3753	4592	4825	4976	4611	5601	5817	6423	6837	6762		ALLEMAGNE
638	677	752	789	782	992	982	904	1038	886		IRLANDE
253	295	258	292	315	373	390	458	559	648		ITALIE
417	447	390	389	329	373	340	383	315	336		PAYS-BAS
8724	9215	8271	8664	7529	8558	9244	9007	9133	8436		ROYAUME-UNI
9636	10843	11562	12086	11617	14656	13698	12761*	15200*			AUTRES PAYS EUROPÉENS DE L'O.C.D.E. (non compris la Yougoslavie)
706	772	770	934	913	1016	977	1087	1238			AUTRICHE
597	681	718	840	933	1054	1140	992	963	1242		FINLANDE
563	774	471	447	737	781	874	848*	933*			GRÈCE
•	•	•	•	•	•	•	•	•	•		ISLANDE
405	486	621	486	581	569	522	535	649			NORVÈGE
49	74	94	54	54	85	62	57	75	90		PORTUGAL
2006	2576	3441	3877	3103	4785	4358	4402	5404			ESPAGNE
1403	1564	1776	1575	1904	2029	1883	1768	2399	1808		SUÈDE
107	117	112	132	142	168	156	173	210			SUISSE
3800	3800	3560	3740	3250	4170	3725	2900	3330			TURQUIE
713	606	450	459	402	464	487	676	794			YOUGOSLAVIE

OATS - AVOINE

	1955	1956	1957	1958	1959	1960	1961	1962	1963	1964	1965
AREA (Thousand hectares)											
O.E.C.D. - TOTAL (excluding Yugoslavia)	29727	27064	25919	25059	23027	22868	20996	21027	19885	18402	17991
O.E.C.D. NORTH AMERICA	20228	17727	17359	16382	14830	14653	13124	13333	12402	11227	10880
CANADA	4434	4237	3573	3737	3678	3893	3457	4277	3779	3231	3384
UNITED STATES	15794	13490	13786	12645	11152	10760	9667	9056	8623	7996	7496
JAPAN	96	84	93	90	78	79	82	84	75	69	62
OCEANIA	1370	1051	1220	1620	1240	1486	1271	1346	1381	1426	1541
AUSTRALIA	1357	1034	1197	1608	1226	1472	1253	1332	1373	1415	1525
NEW ZEALAND	13	17	23	12	14	14	18	14	8	11	16
O.E.C.D. - EUROPE (excluding Yugoslavia)	8033	8202	7247	6967	6879	6650	6519	6264	6027	5680	5508
EUROPEAN ECONOMIC COMMUNITY - TOTAL	5351	5487	4628	4328	4223	4023	3913	3749	3545	3250	3106
BELGIUM	149	158	148	142	142	141	136	125	116	105	98
LUXEMBOURG	20	20	17	16	17	16	16	16	15	15	14
DENMARK	266	254	236	203	204	198	195	164	186	211	204
FRANCE	2077	2277	1608	1487	1504	1427	1442	1356	1287	1094	1070
GERMANY	969	951	905	827	812	748	723	805	770	766	727
IRELAND	221	212	186	185	187	172	149	140	134	117	115
ITALY	434	423	420	414	412	409	428	411	400	384	367
NETHERLANDS	171	154	159	158	126	115	124	119	113	103	101
UNITED KINGDOM	1044	1038	949	896	819	797	700	613	524	455	410
OTHER O.E.C.D. EUROPE (excluding Yugoslavia)	2682	2715	2619	2639	2656	2627	2606	2515	2482	2430	2402
AUSTRIA	189	187	184	178	163	161	155	151	152	143	136
FINLAND	467	464	414	442	461	490	473	456	444	470	472
GREECE	146	147	147	143	129	128	149	144	126	119	120
ICELAND	-	-	-	-	-	-	-	-	-	-	-
NORWAY	68	66	61	57	65	65	62	53	44	52	46
PORTUGAL	301	302	309	303	304	302	268	288	296	242	271
SPAIN	612	617	586	579	572	556	583	549	527	509	502
SWEDEN	509	535	515	532	526	481	489	450	481	474	445
SWITZERLAND	21	25	19	16	16	14	15	14	12	11	10
TURKEY	369	372	384	389	410	430	412	410	400	410	400
YUGOSLAVIA	321	373	402	347	338	334	355	310	315	306	321
PRODUCTION (Thousand metric tons)											
O.E.C.D. - TOTAL (excluding Yugoslavia)	43793	40609	37494	40423	34126	37901	33065	36353	34987	31279	32944
O.E.C.D. NORTH AMERICA	27874	23923	23610	25673	20550	22886	19044	22289	20891	17722	19661
CANADA	6160	7210	4887	5332	5308	6146	4379	7597	6876	5352	6169
UNITED STATES	21714	16713	18723	20342	15242	16741	14665	14692	14014	12371	13493
JAPAN	166	161	188	196	173	161	168	150	148	121	137
OCEANIA	1054	677	622	1604	879	1414	1043	1282	1257	1299	1147
AUSTRALIA	1025	642	570	1577	850	1381	1000	1248	1238	1271	1102
NEW ZEALAND	29	35	52	27	29	33	43	34	19	28	45
O.E.C.D. - EUROPE (excluding Yugoslavia)	14699	15848	13074	12951	12524	13440	12810	12632	12691	12137	11999
EUROPEAN ECONOMIC COMMUNITY - TOTAL	11864	12418	9713	9490	9384	9351	8863	9194	9037	8317	8064
BELGIUM	481	484	454	443	423	450	444	427	395	373	305
LUXEMBOURG	43	42	30	34	36	39	40	37	42	30	34
DENMARK	863	852	786	648	568	681	683	609	671	821	780
FRANCE	3640	4604	2579	2638	2815	2735	2591	2628	2876	2310	2509
GERMANY	2403	2378	2161	2085	1978	2113	1856	2260	2251	2239	1990
IRELAND	576	544	438	456	483	426	382	396	368	313	324
ITALY	523	507	582	568	541	431	585	597	548	466	527
NETHERLANDS	582	483	505	446	319	387	431	465	424	420	363
UNITED KINGDOM	2752	2526	2179	2172	2222	2091	1851	1775	1461	1346	1232
OTHER O.E.C.D. EUROPE (excluding Yugoslavia)	2836	3430	3360	3461	3141	4088	3948	3438	3654	3821	3935
AUSTRIA	364	374	340	333	312	343	335	332	342	327	274
FINLAND	604	650	698	799	606	1109	941	616	820	742	1020
GREECE	157	148	191	175	139	149	144	152	127	139	150
ICELAND	-	-	-	-	-	-	-	-	-	-	-
NORWAY	114	182	136	127	118	173	174	107	113	126	113
PORTUGAL	82	97	128	143	89	61	65	104	99	68	99
SPAIN	506	452	535	519	524	431	495	513	466	390	370
SWEDEN	553	1067	801	838	736	1248	1312	1116	1154	1442	1339
SWITZERLAND	59	69	56	47	48	44	47	49	35	38	30
TURKEY	356	382	475	480	479	530	435	450	500	550	540
YUGOSLAVIA	278	324	484	259	404	373	432	305	345	293	338

OATS - AVOINE

SUPERFICIE (Milliers d'hectares)

1966	1967	1968	1969	1970	1971	1972	1973	1974	1975	1976	
17688	16383	17052	16761	16865	15401	13643	14121*	13221*			O.C.D.E. - TOTAL (non compris la Yougoslavie)
10442	9506	10173	10226	10328	9147	7943	8403	7815			O.C.D.E. AMÉRIQUE DU NORD
3207	2986	3007	2953	2785	2764	2470	2711	2471			CANADA
7235	6520	7166	7273	7543	6383	5473	5692	5344	5524		ÉTATS-UNIS
54	46	41	34	27	30	25	18	18			JAPON
1739	1377	1581	1390	1574	1263	1011	1197	918*			OCÉANIE
1723	1368	1567	1374	1553	1241	995	1182	900*			AUSTRALIE
16	9	14	16	21	22	16	15	18	22		NOUVELLE ZÉLANDE
5453	5454	5257	5111	4936	4961	4664	4503*	4470			O.C.D.E. - EUROPE (non compris la Yougoslavie)
3132	3153	2957	2868	2701	2682	2461	2317	2281	2317		COMMUNAUTÉ ÉCONOMIQUE EUROPÉENNE - TOTAL
91	96	87	84	72	71	67	62	60	71		BELGIQUE
13	14	13	14	13	13	13	12	12	12		LUXEMBOURG
234	243	218	205	184	186	163	129	122	112		DANEMARK
1094	1040	949	851	805	831	761	693	670	641		FRANCE
777	808	821	860	825	836	808	822	851	920		ALLEMAGNE
98	96	88	77	68	60	52	50	44	53		IRLANDE
359	358	323	312	303	277	250	238	236	239		ITALIE
99	88	76	83	55	45	33	30	33	34		PAYS-BAS
367	410	382	382	376	363	314	281	253	235		ROYAUME-UNI
2321	2301	2300	2243	2235	2279	2203	2186*	2189			AUTRES PAYS EUROPÉENS DE L'O.C.D.E. (non compris la Yougoslavie)
126	124	119	102	102	98	96	94	92			AUTRICHE
479	455	489	483	524	540	501	528	550	572		FINLANDE
118	111	92	84	79	81	78	72*	76			GRÈCE
-	-	-	-	-	-	-	-	-	-		ISLANDE
41	45	45	54	68	84	86	100	103	103		NORVÈGE
218	226	190	174	152	168	168	157	171	175		PORTUGAL
469	486	508	506	473	463	467	471	475			ESPAGNE
460	455	484	479	509	526	503	474	436	462		SUÈDE
10	9	8	10	8	10	9	10	11			SUISSE
400	390	365	351	320	309	295	280	275			TURQUIE
320	301	285	273	283	265	257	251	249			YOUGOSLAVIE

PRODUCTION (Milliers de tonnes métriques)

1966	1967	1968	1969	1970	1971	1972	1973	1974	1975	1976	
31466	30485	34311	33472	32409	33730	28194	27642*	26663*			O.C.D.E. - TOTAL (non compris la Yougoslavie)
17439	16176	19300	19493	18758	18397	14674	14721	12838			O.C.D.E. AMÉRIQUE DU NORD
5778	4654	5501	5473	5445	5606	4630	5041	3929			CANADA
11660	11522	13799	14020	13313	12792	10044	9680	8909	9534		ÉTATS-UNIS
102	101	93	67	61	60	56	45	51			JAPON
1987	747	1755	1299	1671	1335	786	1152	1137			OCÉANIE
1943	719	1710	1247	1613	1275	736	1107	1078			AUSTRALIE
44	28	45	52	58	60	50	45	59	65		NOUVELLE ZÉLANDE
11939	13461	13163	12613	12010	13938	12679	11724*	12637*			O.C.D.E. - EUROPE (non compris la Yougoslavie)
8272	9369	8770	8693	7477	8768	8208	7683	7930	7492		COMMUNAUTÉ ÉCONOMIQUE EUROPÉENNE - TOTAL
293	361	315	284	197	281	247	250	225	230		BELGIQUE
31	45	40	44	29	38	37	38	36	27		LUXEMBOURG
863	904	863	765	631	701	637	445	473	370		DANEMARK
2578	2821	2528	2342	2103	2540	2478	2203	2081	1898		FRANCE
2270	2637	2806	2887	2410	2946	2800	2954	3378	3342		ALLEMAGNE
283	294	286	251	207	207	179	163	157	159		IRLANDE
477	556	390	491	486	488	440	419	462	506		ITALIE
357	365	318	322	199	206	140	134	163	158		PAYS-BAS
1120	1386	1224	1308	1217	1360	1250	1080	955	802		ROYAUME-UNI
3667	4092	4393	3920	4532	5170	4472	4041*	4707*			AUTRES PAYS EUROPÉENS DE L'O.C.D.E. (non compris la Yougoslavie)
325	336	324	288	272	284	255	284	290			AUTRICHE
881	940	1064	1139	1330	1423	1245	1169	1113	1450		FINLANDE
167	153	98	102	107	115	113	106*	121*			GRÈCE
-	-	-	-	-	-	-	-	-	-		ISLANDE
91	123	176	140	228	279	271	349	404			NORVÈGE
63	111	129	79	72	125	85	79	99	122		PORTUGAL
442	492	539	537	393	582	440	425	559			ESPAGNE
1154	1396	1584	1129	1686	1867	1630	1209	1686	1352		SUÈDE
33	32	30	37	29	41	37	39	55			SUISSE
510	510	450	468	415	455	396	380	380			TURQUIE
386	363	295	308	309	312	260	298	353			YOUGOSLAVIE

OATS AND MIXED SUMMER CEREALS - AVOINE ET MÉLANGES DE CÉRÉALES D'ÉTÉ

	1955	1956	1957	1958	1959	1960	1961	1962	1963	1964	1965
AREA (Thousand hectares)											
O.E.C.D. - TOTAL (excluding Yugoslavia)	32066	29367	28047	27113	25086	24895	23129	23125	21918	20382	19891
O.E.C.D. NORTH AMERICA	20916	18359	17942	16948	15424	15206	13758	13950	12995	11848	11543
CANADA	5122	4869	4156	4303	4272	4446	4091	4894	4372	3852	4047
UNITED STATES	15794	13490	13786	12645	11152	10760	9667	9056	8623	7996	7496
JAPAN	96	84	93	90	78	79	82	84	75	69	62
OCEANIA	1370	1051	1220	1620	1240	1486	1271	1346	1381	1426	1541
AUSTRALIA	1357	1034	1197	1608	1226	1472	1253	1332	1373	1415	1525
NEW ZEALAND	13	17	23	12	14	14	18	14	8	11	16
O.E.C.D. - EUROPE (excluding Yugoslavia)	9684	9873	8792	8455	8344	8124	8018	7745	7467	7039	6745
EUROPEAN ECONOMIC COMMUNITY - TOTAL	6211	6351	5435	5094	4991	4872	4793	4648	4437	4085	3857
BELGIUM	150	162	150	145	145	145	141	130	121	111	105
LUXEMBOURG	21	22	19	18	19	18	18	18	17	17	16
DENMARK	572	544	524	471	448	450	449	385	381	397	342
FRANCE	2077	2277	1608	1487	1504	1519	1538	1454	1472	1256	1229
GERMANY	1303	1313	1245	1164	1173	1118	1133	1279	1192	1179	1113
IRELAND	221	212	186	185	187	172	149	140	134	117	115
ITALY	434	423	420	414	412	409	428	411	400	384	367
NETHERLANDS	200	189	196	199	169	161	177	167	156	137	130
UNITED KINGDOM	1233	1209	1087	1011	914	880	760	664	564	487	440
OTHER O.E.C.D. EUROPE (excluding Yugoslavia)	3473	3522	3357	3361	3353	3252	3225	3097	3030	2954	2888
AUSTRIA	196	195	192	186	175	174	168	165	172	164	158
FINLAND	491	492	440	467	489	514	498	487	479	502	501
GREECE	181	179	178	171	145	146	162	156	133	126	127
ICELAND	-	-	-	-	-	-	-	-	-	-	-
NORWAY	71	68	63	59	67	67	64	54	45	53	47
PORTUGAL	301	302	309	303	304	302	268	288	296	242	271
SPAIN	612	617	586	579	572	556	583	549	527	509	502
SWEDEN	808	826	787	787	783	671	711	649	658	638	590
SWITZERLAND	24	33	23	20	20	17	19	19	16	15	12
TURKEY	789	810	779	789	798	805	752	730	704	705	680
YUGOSLAVIA	321	373	402	347	338	334	355	310	315	306	321
PRODUCTION (Thousand metric tons)											
O.E.C.D. - TOTAL (excluding Yugoslavia)	48487	45647	42003	44896	38273	42348	37475	41189	39698	35964	37344
O.E.C.D. NORTH AMERICA	29076	25132	24749	26832	21686	23956	20156	23600	22174	19013	21127
CANADA	7362	8419	6027	6490	6445	7215	5492	8908	8160	6643	7635
UNITED STATES	21714	16713	18723	20342	15242	16741	14665	14692	14014	12371	13493
JAPAN	166	161	188	196	173	161	168	150	148	121	137
OCEANIA	1054	677	622	1604	879	1414	1043	1282	1257	1299	1147
AUSTRALIA	1025	642	570	1577	850	1381	1000	1248	1238	1271	1102
NEW ZEALAND	29	35	52	27	29	33	43	34	19	28	45
O.E.C.D. - EUROPE (excluding Yugoslavia)	18191	19677	16444	16265	15535	16818	16108	16156	16119	15530	14932
EUROPEAN ECONOMIC COMMUNITY - TOTAL	14316	14977	12003	11711	11396	11702	11165	11786	11512	10840	10183
BELGIUM	486	496	462	452	435	464	462	448	418	397	330
LUXEMBOURG	46	46	34	38	41	44	45	43	47	34	39
DENMARK	1699	1705	1615	1400	1170	1408	1443	1328	1290	1480	1259
FRANCE	3791	4832	2713	2808	2975	2915	2754	2803	3244	2680	2900
GERMANY	3243	3317	3032	2953	2852	3176	2877	3608	3445	3477	3027
IRELAND	576	544	438	456	483	426	382	396	369	313	324
ITALY	523	507	582	568	541	431	585	597	548	466	527
NETHERLANDS	677	585	615	582	413	522	593	632	570	545	452
UNITED KINGDOM	3275	2945	2513	2454	2488	2316	2025	1931	1581	1449	1324
OTHER O.E.C.D. EUROPE (excluding Yugoslavia)	3875	4701	4441	4555	4138	5116	4943	4370	4607	4690	4749
AUSTRIA	378	391	356	350	336	373	365	366	392	379	321
FINLAND	675	694	741	843	728	1162	987	652	887	783	1079
GREECE	188	177	223	198	153	164	152	160	134	145	156
ICELAND	-	-	-	-	-	-	-	-	-	-	-
NORWAY	119	189	140	131	121	179	179	109	115	128	115
PORTUGAL	82	97	128	143	89	61	65	104	99	68	99
SPAIN	506	452	535	519	524	431	495	513	466	390	370
SWEDEN	1092	1800	1373	1382	1241	1736	1895	1602	1581	1898	1748
SWITZERLAND	67	91	69	59	59	54	60	66	48	50	37
TURKEY	768	811	875	930	886	955	745	800	885	850	825
YUGOSLAVIA	278	324	484	259	404	373	432	305	345	293	338

OATS AND MIXED SUMMER CEREALS - AVOINE ET MÉLANGES DE CÉRÉALES D'ÉTÉ

SUPERFICIE (Milliers d'hectares)

1966	1967	1968	1969	1970	1971	1972	1973	1974	1975	1976	
19628	18233	18880	18602	18748	17250	15448	15875*	14855*			O.C.D.E. - TOTAL (non compris la Yougoslavie)
11157	10185	10857	10935	11121	9979	8779	9213	8548			O.C.D.E. AMÉRIQUE DU NORD
3922	3665	3691	3662	3578	3596	3306	3521	3204			CANADA
7235	6520	7166	7273	7543	6383	5473	5692	5344	5524		ÉTATS-UNIS
54	46	41	34	27	30	25	18	18			JAPON
1739	1377	1581	1390	1574	1263	1011	1197	918*			OCÉANIE
1723	1368	1567	1374	1553	1241	995	1182	900*			AUSTRALIE
16	9	14	16	21	22	16	15	18	22		NOUVELLE ZÉLANDE
6678	6625	6401	6243	6026	5978	5633	5447*	5371*			O.C.D.E. - EUROPE (non compris la Yougoslavie)
3888	3895	3699	3613	3404	3333	3083	2906	2836*	2874		COMMUNAUTE ECONOMIQUE EUROPÉENNE - TOTAL
99	104	96	93	83	80	75	72	70	82		BELGIQUE
15	16	15	16	15	15	15	14	14	14		LUXEMBOURG
353	340	296	263	228	225	194	152	140	128		DANEMARK
1283	1244	1143	1039	981	1034	957	880	843	834		FRANCE
1164	1189	1226	1270	1213	1178	1132	1137	1160	1220		ALLEMAGNE
98	96	88	77	68	60	52	50	44	53		IRLANDE
359	358	323	312	303	277	250	238	236	239		ITALIE
120	102	85	89	58	47	34	31	34*	35		PAYS-BAS
397	446	427	445	455	417	374	332	295	269		ROYAUME-UNI
2790	2730	2702	2630	2622	2645	2550	2541*	2535*			AUTRES PAYS EUROPÉENS DE L'O.C.D.E. (non compris la Yougoslavie)
149	148	144	127	130	125	123	123	121			AUTRICHE
509	486	520	511	552	566	525	550	573	592		FINLANDE
124	116	96	88	83	85	82	76*	80*			GRÈCE
.	.	.	.	.	.	.	.	.			ISLANDE
42	46	46	55	69	84	86	101	104	104*		NORVÈGE
218	226	190	174	152	168	168	157	171	175		PORTUGAL
469	486	508	506	473	463	467	471	475			ESPAGNE
576	550	572	556	585	595	568	545	507	526		SUÈDE
13	12	11	12	11	13	12	13	14			SUISSE
690	660	615	601	567	546	519	505	490			TURQUIE
320	301	285	273	283	265	257	251	249			YOUGOSLAVIE

PRODUCTION (Milliers de tonnes métriques)

1966	1967	1968	1969	1970	1971	1972	1973	1974	1975	1976	
35798	34384	38926	38067	36809	38519	32829	31985*	30704*			O.C.D.E. - TOTAL (non compris la Yougoslavie)
18916	17570	20876	21086	20559	20340	16566	16481	14303			O.C.D.E. AMÉRIQUE DU NORD
7256	6048	7077	7067	7246	7548	6522	6801	5394			CANADA
11660	11522	13799	14020	13313	12792	10044	9680	8909	9534		ÉTATS-UNIS
102	101	93	67	61	60	56	45	51			JAPON
1987	747	1755	1299	1671	1335	786	1152	1137			OCÉANIE
1943	719	1710	1247	1613	1275	736	1107	1078			AUSTRALIE
44	28	45	52	58	60	50	45	59	65		NOUVELLE ZÉLANDE
14793	15965	16202	15615	14609	16784	15422	14306*	15213*			O.C.D.E. - EUROPE (non compris la Yougoslavie)
10407	11168	11136	11071	9450	10942	10329	9686	9872	9316*		COMMUNAUTE ECONOMIQUE EUROPÉENNE - TOTAL
310	397	347	318	228	318	281	291	266	270		BELGIQUE
37	52	48	51	34	44	43	44	43	33		LUXEMBOURG
1263	1232	1143	966	773	833	749	519	535	420		DANEMARK
3031	2877	3066	2875	2557	3153	3120	2813	2623	2474		FRANCE
3345	3840	4134	4250	3482	4120	3909	4029	4518	4377		ALLEMAGNE
283	294	286	251	207	207	179	163	157	159		IRLANDE
477	556	390	491	486	488	440	419	462	506		ITALIE
418	416	346	343	207	213	144	136	165	160*		PAYS-BAS
1214	1505	1377	1527	1476	1566	1465	1272	1102	917		ROYAUME-UNI
4386	4797	5065	4544	5159	5842	5093	4620*	5341*			AUTRES PAYS EUROPÉENS DE L'O.C.D.E. (non compris la Yougoslavie)
388	404	398	367	356	368	334	378	386			AUTRICHE
932	1000	1115	1200	1304	1483	1301	1217	1162	1498		FINLANDE
172	158	101	105	110	118	116	109*	124*			GRÈCE
.	.	.	.	.	.	.	.	.			ISLANDE
94	125	178	141	229	280	273	351	406			NORVÈGE
63	111	129	79	72	125	85	79	99	122		PORTUGAL
442	492	539	537	393	582	440	425	559			ESPAGNE
1422	1655	1846	1306	1805	2068	1822	1372	1935	1519		SUÈDE
43	42	39	44	28	53	47	50	66			SUISSE
830	810	720	765	671	765	676	639	605			TURQUIE
386	363	295	308	309	312	260	298	353			YOUGOSLAVIE

MAIZE - MAÏS

	1955	1956	1957	1958	1959	1960	1961	1962	1963	1964	1965
AREA (Thousand hectares)											
O.E.C.D. - TOTAL (excluding Yugoslavia)	31580	30391*	29526	29709	33277	33125	27717	26713	28322	26676	26574
O.E.C.D. NORTH AMERICA	27911	26461	25729	25918	29371	29088	23485	22729	24192	22672	22719
CANADA	205	206	207	200	196	184	162	178	224	265	302
UNITED STATES	27706	26255	25522	25718	29175	28904	23323	22551	23968	22407	22417
JAPAN	50	49	48	50	48	44	45	42	39	36	30
OCEANIA	70	69*	75	78	76	78	78	88	88	91	90
AUSTRALIA	69	68	73	75	73	75	75	85	85	87	86
NEW ZEALAND	1	1*	2	3	3	3	3	3	3	4	4
O.E.C.D. - EUROPE (excluding Yugoslavia)	3558	3812	3674	3663	3792	3915	4109	3854	4003	3877	3735
EUROPEAN ECONOMIC COMMUNITY - TOTAL	1705	1920	1804	1814	1909	2022	2185	2001	2086	1983	1925
BELGIUM	2	2	1	1	1	-	1	1	-	-	1
LUXEMBOURG	-	-	-	-	-	-	-	-	-	-	-
DENMARK	-	-	-	-	-	-	-	-	-	-	-
FRANCE	453	653	544	590	704	824	976	866	952	893	869
GERMANY	7	7	6	5	5	6	8	13	13	18	27
IRELAND	-	-	-	-	-	-	-	-	-	-	-
ITALY	1237	1254	1251	1217	1193	1188	1197	1120	1121	1072	1028
NETHERLANDS	6	4	2	1	1	6	4	3	1	-	-
UNITED KINGDOM	-	-	-	-	-	-	-	-	-	-	-
OTHER O.E.C.D. EUROPE (excluding Yugoslavia)	1853	1892	1870	1849	1873	1893	1924	1853	1917	1894	1810
AUSTRIA	56	51	49	49	46	58	51	54	50	50	50
FINLAND	-	-	-	-	-	-	-	-	-	-	-
GREECE	228	228	216	204	206	210	191	166	185	150	144
ICELAND	-	-	-	-	-	-	-	-	-	-	-
NORWAY	-	-	-	-	-	-	-	-	-	-	-
PORTUGAL	471	487	483	479	481	468	495	498	488	496	484
SPAIN	391	404	412	426	439	461	480	465	521	514	478
SWEDEN	-	-	-	-	-	-	-	-	-	-	-
SWITZERLAND	1	1	1	1	1	1	2	3	3	4	4
TURKEY	706	721	709	690	700	695	705	667	670	680	650
YUGOSLAVIA	2470	2570	2590	2390	2580	2570	2510	2460	2410	2430	2550
PRODUCTION (Thousand metric tons)											
O.E.C.D. - TOTAL (excluding Yugoslavia)	80706	86655*	85620	94256	106824	109927	101997	100661	114077	99524	115835
O.E.C.D. NORTH AMERICA	73776	78824	78105	86008	97934	99903	92130	92452	103012	89846	105728
CANADA	800	707	750	757	785	663	742	848	919	1342	1511
UNITED STATES	72976	78117	77355	85251	97149	99240	91388	91604	102093	88504	104217
JAPAN	100	83	97	111	104	113	116	104	104	84	75
OCEANIA	134	128*	148	151	181	189	169	199	205	190	201
AUSTRALIA	129	121	140	143	171	171	159	186	189	171	177
NEW ZEALAND	5	7*	8	8	10	18	10	14	16	19	24
O.E.C.D. - EUROPE (excluding Yugoslavia)	6695	7621	7270	7986	8606	9722	9583	7905	10757	9405	9832
EUROPEAN ECONOMIC COMMUNITY - TOTAL	4346	5183	4914	5362	5721	6649	6432	5173	7612	6125	6832
BELGIUM	8	7	4	3	2	2	2	4	2	2	2
LUXEMBOURG	-	-	-	-	-	-	-	-	-	-	-
DENMARK	-	-	-	-	-	-	-	-	-	-	-
FRANCE	1091	1738	1392	1673	1825	2813	2470	1864	3871	2105	3420
GERMANY	20	20	16	13	13	20	23	42	47	61	93
IRELAND	-	-	-	-	-	-	-	-	-	-	-
ITALY	3204	3410	3496	3670	3879	3813	3936	3263	3692	3957	3317
NETHERLANDS	23	9	6	4	1	1	1	-	-	-	-
UNITED KINGDOM	-	-	-	-	-	-	-	-	-	-	-
OTHER O.E.C.D. EUROPE (excluding Yugoslavia)	2349	2438	2356	2624	2885	3073	3151	2732	3145	3279	2999
AUSTRIA	152	144	149	155	146	213	198	193	194	212	187
FINLAND	-	-	-	-	-	-	-	-	-	-	-
GREECE	285	238	257	225	290	288	228	215	253	249	249
ICELAND	-	-	-	-	-	-	-	-	-	-	-
NORWAY	-	-	-	-	-	-	-	-	-	-	-
PORTUGAL	437	481	427	425	487	466	632	591	523	597	459
SPAIN	616	714	771	916	959	1012	1067	920	1171	1203	1142
SWEDEN	-	-	-	-	-	-	-	-	-	-	-
SWITZERLAND	4	3	2	3	4	4	8	13	13	19	18
TURKEY	855	858	750	900	1000	1090	1017	800	990	1000	945
YUGOSLAVIA	3900	3370	5660	3950	6670	6160	4550	5270	5380	6960	5920

MAIZE - MAÏS

SUPERFICIE (Milliers d'hectares)

1966	1967	1968	1969	1970	1971	1972	1973	1974	1975	1976	
27202	28882	27036	26693	28411	31174	28651*	30465*	31822*			O.C.D.E. - TOTAL (non compris la Yougoslavie)
23394	24917	23045	22486	23792	26490	23775	25578	27040			O.C.D.E. AMÉRIQUE DU NORD
326	355	390	400	409	571	537	530	591			CANADA
23068	24562	22655	22086	23293	25919	23238	25048	26449	27076		ÉTATS-UNIS
26	21	18	15	12	10	10*	26	25*			JAPON
83	85	87	74	98	98	93	72	64			OCÉANIE
80	82	81	67	80	86	78	59	46			AUSTRALIE
3	3	6	7	8	12	15	13	18	25		NOUVELLE ZÉLANDE
3789	3859	3886	4118	4519	4576	4773	4789*	4693			O.C.D.E. - EUROPE (non compris la Yougoslavie)
1981	2073	2048	2265	2611	2698	2914	2945	2913	3000		COMMUNAUTÉ ÉCONOMIQUE EUROPÉENNE - TOTAL
1	1	1	1	2	3	5	4	5	6		BELGIQUE
-	-	-	-	-	-	-	-	-			LUXEMBOURG
-	-	-	-	-	-	-	-	-			DANEMARK
961	1013	1022	1184	1493	1642	1895	1942	1907	1984		FRANCE
31	42	58	81	99	116	118	106	108	96		ALLEMAGNE
-	-	-	-	-	-	-	-	-			IRLANDE
988	1017	967	999	1026	934	891	890	890	912		ITALIE
-	-	-	-	1	2	4	2	2	1		PAYS-BAS
-	-	-	-	1	1	1	1	1			ROYAUME-UNI
1808	1786	1838	1853	1908	1878	1859	1844*	1780			AUTRES PAYS EUROPÉENS DE L'O.C.D.E. (non compris la Yougoslavie)
55	60	74	117	124	125	133	147	149			AUTRICHE
-	-	-	-	-	-	-	-	-			FINLANDE
139	133	148	149	170	168	165	157*	128			GRÈCE
-	-	-	-	-	-	-	-	-			ISLANDE
-	-	-	-	-	-	-	-	-			NORVÈGE
473	436	434	427	418	393	390	372	360	382		PORTUGAL
482	478	523	494	539	543	534	523	501			ESPAGNE
-	-	-	-	-	-	-	-	-			SUÈDE
4	4	4	7	9	14	20	20	22			SUISSE
655	675	655	659	648	635	617	625	620			TURQUIE
2500	2510	2460	2397	2352	2422	2383	2377	2256			YOUGOSLAVIE

PRODUCTION (Milliers de tonnes métriques)

1966	1967	1968	1969	1970	1971	1972	1973	1974	1975	1976	
119008	137276	128806	136024	125869	165769	162932	168236*	140718*			O.C.D.E. - TOTAL (non compris la Yougoslavie)
107546	125341	115099	120939	108097	146236	144096	146238	121051			O.C.D.E. AMÉRIQUE DU NORD
1685	1883	2076	1883	2634	2946	2528	2803	2589			CANADA
105861	123458	113023	119056	105463	143290	141568	143435	118462	146488		ÉTATS-UNIS
63	61	51	40	33	25	29	30	30*			JAPON
144	210	217	200	251	313	330	257	236	344*		OCÉANIE
125	191	181	149	192	212	214	139	106	139*		AUSTRALIE
19	19	36	51	59	101	116	118	130	205		NOUVELLE ZÉLANDE
11254	11664	13439	14845	17489	19195	18477	21711*	19402*			O.C.D.E. - EUROPE (non compris la Yougoslavie)
7966	8192	9651	10635	12843	14094	13623	16379	14285	14005*		COMMUNAUTÉ ÉCONOMIQUE EUROPÉENNE - TOTAL
3	3	4	5	10	19	19	27	25	37		BELGIQUE
-	-	-	-	-	-	-	-	-			LUXEMBOURG
-	-	-	-	-	-	-	-	-			DANEMARK
4331	4139	5379	5723	7581	8954	8252	10692	8699	8143		FRANCE
123	190	278	388	401	576	547	556	505	515		ALLEMAGNE
-	-	-	-	-	-	-	-	-			IRLANDE
3510	3860	3991	4519	4754	4528	4789	5088	5043	5300		ITALIE
-	-	-	-	6	11	10	11	10	7*		PAYS-BAS
-	-	-	-	6	6	6	3	3			ROYAUME-UNI
3288	3473	3788	4211	4646	5101	4853	5332*	5117*			AUTRES PAYS EUROPÉENS DE L'O.C.D.E. (non compris la Yougoslavie)
275	316	399	698	612	722	726	966	857			AUTRICHE
-	-	-	-	-	-	-	-	-			FINLANDE
275	313	344	413	511	571	584	585*	455*			GRÈCE
-	-	-	-	-	-	-	-	-			ISLANDE
-	-	-	-	-	-	-	-	-			NORVÈGE
565	577	548	553	541	526	519	509	486	491		PORTUGAL
1154	1195	1473	1507	1848	2056	1923	2037	1992			ESPAGNE
-	-	-	-	-	-	-	-	-			SUÈDE
19	22	24	39	55	90	72	135	128			SUISSE
1000	1050	1000	1000	1040	1135	1030	1100	1200			TURQUIE
7980	7200	6810	7821	6933	7443	7930	8253	8031			YOUGOSLAVIE

OTHER CEREALS - AUTRES CÉRÉALES

	1955	1956	1957	1958	1959	1960	1961	1962	1963	1964	1965
AREA (Thousand hectares)											
O.E.C.D. - TOTAL (excluding Yugoslavia)	5811*	4325	8523	7260	6734	6802	4965	5242	5912	5258*	5760*
O.E.C.D. NORTH AMERICA	5376	3908	8109	6857	6345	6425	4570	4791	5476	4863	5378*
CANADA	53	68	44	38	28	29	23	19	21	24	22
UNITED STATES	5323	3840	8065	6819	6317	6396	4547	4772	5455	4839	5356*
JAPAN	133	127	120	116	107	100	90	78	70	63	54
OCEANIA	107	99	109	121	130	132	158	207	200	175	170
AUSTRALIA	107	99	109	121	130	132	158	207	200	175	170
NEW ZEALAND	-	-	-	-	-	-	-	-	-	-	-
O.E.C.D. - EUROPE (excluding Yugoslavia)	195*	191	185	166	152	145	147	166	166	157*	158
EUROPEAN ECONOMIC COMMUNITY - TOTAL	93	92	83	79	71	70	70	69	81	75	81
BELGIUM	-	-	-	-	-	-	-	-	-	-	-
LUXEMBOURG	-	-	-	-	-	-	-	-	-	-	-
DENMARK	-	-	-	-	-	-	-	-	-	-	-
FRANCE	83	83	73	67	57	56	56	53	68	62	68
GERMANY	-	-	-	-	-	-	-	-	-	-	-
IRELAND	-	-	-	-	-	-	-	-	-	-	-
ITALY	10	9	10	12	14	14	14	16	13	13	13
NETHERLANDS	-	-	-	-	-	-	-	-	-	-	-
UNITED KINGDOM	-	-	-	-	-	-	-	-	-	-	-
OTHER O.E.C.D. EUROPE (excluding Yugoslavia)	102*	99	102	87	81	75	77	97	85	82*	77
AUSTRIA	1	1	1	1	1	2	1	1	1	1	1
FINLAND	-	-	-	-	-	-	-	-	-	-	-
GREECE	2	2	2	2	2	1	4	3	6	2	1
ICELAND	-	-	-	-	-	-	-	-	-	-	-
NORWAY	-	-	-	-	-	-	-	-	-	-	-
PORTUGAL	-	-	-	-	-	-	-	-	-	-	-
SPAIN	11*	10	10	9	6	6	7	7	15	28*	24
SWEDEN	-	-	-	-	-	-	-	-	-	-	-
SWITZERLAND	-	-	-	-	-	-	-	-	-	-	-
TURKEY	88	86	89	75	72	66	65	86	63	51	51
YUGOSLAVIA	..	..	..	..	..	..	..	32*	32*	25*	20*
PRODUCTION (Thousand metric tons)											
O.E.C.D. - TOTAL (excluding Yugoslavia)	6914*	5971	15129	15578	14848	16535	12991	13815	15706	13228	17907
O.E.C.D. NORTH AMERICA	6369	5467	14618	15069	14292	15954	12469	13206	15038	12651	17342
CANADA	53	69	48	44	31	34	27	25	26	28	19
UNITED STATES	6316	5398	14569	15025	14261	15920	12443	13181	15011	12623	17322
JAPAN	157	139	135	147	133	135	116	94	95	70	65
OCEANIA	169	146	159	148	244	257	193	311	327	244	223
AUSTRALIA	169	146	159	148	244	257	193	311	327	244	223
NEW ZEALAND	-	-	-	-	-	-	-	-	-	-	-
O.E.C.D. - EUROPE (excluding Yugoslavia)	220*	220	218	214	179	190	213	204	247	263	277
EUROPEAN ECONOMIC COMMUNITY - TOTAL	106	125	115	124	103	107	117	107	149	137	159
BELGIUM	-	-	-	-	-	-	-	-	-	-	-
LUXEMBOURG	-	-	-	-	-	-	-	-	-	-	-
DENMARK	-	-	-	-	-	-	-	-	-	-	-
FRANCE	65	86	76	77	67	66	80	73	112	99	125
GERMANY	-	-	-	-	-	-	-	-	-	-	-
IRELAND	-	-	-	-	-	-	-	-	-	-	-
ITALY	41	39	39	47	36	41	37	35	37	38	34
NETHERLANDS	-	-	-	-	-	-	-	-	-	-	-
UNITED KINGDOM	-	-	-	-	-	-	-	-	-	-	-
OTHER O.E.C.D. EUROPE (excluding Yugoslavia)	114*	95	103	91	76	83	95	97	98	127	118
AUSTRIA	2	2	2	2	1	2	2	2	2	2	2
FINLAND	-	-	-	-	-	-	-	-	-	-	-
GREECE	2	2	2	1	1	1	3	2	6	2	1
ICELAND	-	-	-	-	-	-	-	-	-	-	-
NORWAY	-	-	-	-	-	-	-	-	-	-	-
PORTUGAL	-	-	-	-	-	-	-	-	-	-	-
SPAIN	12*	11	10	11	5	9	9	10	20	60	49
SWEDEN	-	-	-	-	-	-	-	-	-	-	-
SWITZERLAND	-	-	-	-	-	-	-	-	-	-	-
TURKEY	98	81	89	77	66	71	81	83	70	63	65
YUGOSLAVIA	..	..	41	36	29	37	37	48	49	28	23

OTHER CEREALS - AUTRES CÉRÉALES

SUPERFICIE (Milliers d'hectares)

1966	1967	1968	1969	1970	1971	1972	1973	1974	1975	1976	
5720*	6601*	6159*	6037*	6206*	7522*	6400*	7452*	6495*			O.C.D.E. - TOTAL (non compris la Yougoslavie)
5291*	6162*	5729*	5553*	5608*	6717*	5516*	6512*	5717			O.C.D.E. AMÉRIQUE DU NORD
22	31	33	41	42	50	42	36	26			CANADA
5269*	6131*	5696*	5512*	5546*	6667*	5474*	6476*	5691	6355		ÉTATS-UNIS
47*	40*	36*	30*	25*	26*	27*	28*	28*			JAPON
204	228	223	267	386	607	669	734	590*			OCÉANIE
204	228	223	267	386	607	669	734	590*			AUSTRALIE
-	-	-	-	-	-	-	-	-		-	NOUVELLE ZÉLANDE
178	171	171	187	187	172	188	178*	160*			O.C.D.E. - EUROPE (non compris la Yougoslavie)
92	100	88	83	80	78	95	87*	85*			COMMUNAUTE ECONOMIQUE EUROPÉENNE - TOTAL
-	-	-	-	-	-	-	-	-		-	BELGIQUE
-	-	-	-	-	-	-	-	-		-	LUXEMBOURG
-	-	-	-	-	-	-	-	-		-	DANEMARK
79	87	76	72	71	73	92	83*	81*	96*		FRANCE
-	-	-	-	-	-	-	-	-		-	ALLEMAGNE
-	-	-	-	-	-	-	-	-		-	IRLANDE
13	13	12	11	9	5	3	4	4			ITALIE
-	-	-	-	-	-	-	-	-		-	PAYS-BAS
-	-	-	-	-	-	-	-	-		-	ROYAUME-UNI
86	71	83	104	107	94	93	91	75*			AUTRES PAYS EUROPÉENS DE L'O.C.D.E. (non compris la Yougoslavie)
3	3	3	1	1	1	1	1	1			AUTRICHE
-	-	-	-	-	-	-	-	-		-	FINLANDE
1	2	1	1	1	1	1	1	1*			GRÈCE
-	-	-	-	-	-	-	-	-			ISLANDE
-	-	-	-	-	-	-	-	-		-	NORVÈGE
-	-	-	-	-	-	-	-	-			PORTUGAL
29	19	34	59	62	47	50	49	42			ESPAGNE
-	-	-	-	-	-	-	-	-		-	SUÈDE
-	-	-	-	-	-	-	-	-			SUISSE
53	47	45	43	43	45	41	40	31			TURQUIE
22*	26*	34*	22*	19*	14*	14*	15*	11*			YOUGOSLAVIE

PRODUCTION (Milliers de tonnes métriques)

1966	1967	1968	1969	1970	1971	1972	1973	1974	1975	1976	
19015*	20144*	19592*	19793*	18672*	24464*	22621*	25450*	17829*			O.C.D.E. - TOTAL (non compris la Yougoslavie)
18412	19412	18817	18826	17577	22556	20831	23821	16184			O.C.D.E. AMÉRIQUE DU NORD
25	28	31	37	62	55	37	30	27			CANADA
18386	19384	18787	18789	17515	22501	20794	23791	16157	19540		ÉTATS-UNIS
57*	51*	43*	37*	29*	31*	30*	31*	31*			JAPON
218	352	315	468	587	1359	1256	1051	1103*			OCÉANIE
218	352	315	468	587	1359	1256	1051	1103*			AUSTRALIE
-	-	-	-	-	-	-	-	-		-	NOUVELLE ZÉLANDE
329	329	417	462	480	518	504	547*	512*			O.C.D.E. - EUROPE (non compris la Yougoslavie)
209	213	257	251	214	267	262	338	302			COMMUNAUTE ECONOMIQUE EUROPÉENNE - TOTAL
-	-	-	-	-	-	-	-	-		-	BELGIQUE
-	-	-	-	-	-	-	-	-		-	LUXEMBOURG
-	-	-	-	-	-	-	-	-		-	DANEMARK
174	180	227	223	191	255	252	323	287	315		FRANCE
-	-	-	-	-	-	-	-	-		-	ALLEMAGNE
-	-	-	-	-	-	-	-	-		-	IRLANDE
35	33	30	29	24	12	10	15	15			ITALIE
-	-	-	-	-	-	-	-	-		-	PAYS-BAS
-	-	-	-	-	-	-	-	-		-	ROYAUME-UNI
120	116	160	210	246	250	243	209*	209*			AUTRES PAYS EUROPÉENS DE L'O.C.D.E. (non compris la Yougoslavie)
6	6	6	2	3	3	3	3	3			AUTRICHE
-	-	-	-	-	-	-	-	-		-	FINLANDE
1	2	1	1	1	1	1	1*	1*			GRÈCE
-	-	-	-	-	-	-	-	-			ISLANDE
-	-	-	-	-	-	-	-	-		-	NORVÈGE
-	-	-	-	-	-	-	-	-			PORTUGAL
46	50	97	148	212	182	184	169	163			ESPAGNE
-	-	-	-	-	-	-	-	-		-	SUÈDE
-	-	-	-	-	-	-	-	-			SUISSE
66	59	56	59	51	65	55	35	42			TURQUIE
28	39	48	27	23	19	24	26	20			YOUGOSLAVIE

TOTAL CEREALS EXCLUDING RICE - ENSEMBLE DES CÉRÉALES SAUF RIZ

AREA (Thousand hectares)

	1955	1956	1957	1958	1959	1960	1961	1962	1963	1964	1965
O.E.C.D. - TOTAL (excluding Yugoslavia)	155136*	149310*	150380	153621	155210	155018	144882	143264	144820	143975*	143466*
O.E.C.D. NORTH AMERICA	93520	87562	88952	90834	91908	90936	81361	78147	80210	78890	78254*
CANADA	18853	17978	17158	17471	17818	17591	17147	18342	18558	18665	18624
UNITED STATES	74667	69584	71794	73363	74180	73345	64214	59805	61652	60225	59630*
JAPAN	1940	1902	1817	1778	1728	1664	1559	1459	1335	1155	1045
OCEANIA	6514	5329*	5923	7091	7440	8405	8557	9255	9300	9929	9954
AUSTRALIA	6441	5263	5847	7015	7347	8297	8433	9132	9163	9793	9825
NEW ZEALAND	73	66*	76	76	93	108	124	123	137	136	129
O.E.C.D. - EUROPE (excluding Yugoslavia)	53162*	53517	53688	53918	54044	54013	53405	54403	53975	54001*	54213
EUROPEAN ECONOMIC COMMUNITY - TOTAL	26363	26182	26669	26627	26470	26596	26392	26878	26510	26726	26884
BELGIUM	506	515	518	537	523	524	519	511	501	501	516
LUXEMBOURG	51	50	51	51	50	49	49	48	46	48	49
DENMARK	1326	1366	1395	1392	1429	1445	1536	1543	1570	1568	1598
FRANCE	8891	8450	8925	8910	9083	9163	9102	9374	9128	9192	9348
GERMANY	4802	4870	4874	4915	4966	4899	4904	4896	4928	4998	4924
IRELAND	453	446	475	481	437	454	436	432	403	389	378
ITALY	6857	6874	6892	6774	6573	6444	6264	6369	6185	6125	5930
NETHERLANDS	519	523	526	538	511	515	526	508	490	481	485
UNITED KINGDOM	2958	3088	3013	3029	2938	3103	3056	3197	3259	3424	3656
OTHER O.E.C.D. EUROPE (excluding Yugoslavia)	26799*	27335	27019	27291	27574	27417	27013	27525	27465	27275*	27329
AUSTRIA	873	885	888	884	892	897	902	898	889	896	867
FINLAND	878	907	859	893	944	1019	1030	1060	1056	1125	1131
GREECE	1716	1730	1730	1726	1734	1709	1744	1725	1597	1726	1749
ICELAND	-	-	-	-	-	-	-	-	-	-	-
NORWAY	191	199	213	213	218	222	229	229	232	243	241
PORTUGAL	1983	1983	2016	1999	2041	1897	1847	1957	1969	1845	1825
SPAIN	7468*	7542	7511	7467	7394	7210	6901	7225	7200	6986*	7035
SWEDEN	1469	1586	1498	1454	1516	1391	1373	1362	1385	1384	1399
SWITZERLAND	171	174	167	167	172	169	180	185	175	175	172
TURKEY	12050	12329	12137	12488	12643	12903	12807	12884	12962	12895	12910
YUGOSLAVIA	..	..	..	..	..	..	..	5495*	5436*	5415*	5150*

PRODUCTION (Thousand metric tons)

	1955	1956	1957	1958	1959	1960	1961	1962	1963	1964	1965
O.E.C.D. - TOTAL (excluding Yugoslavia)	263063*	264205*	275496	306248	304305	325084	289548	316264	332872	317728*	343556
O.E.C.D. NORTH AMERICA	159173	160816	169450	195015	191088	205442	177863	188638	205584	185997	212284
CANADA	23204	24486	22429	23497	24283	26492	16591	29097	33961	28343	32045
UNITED STATES	135969	136330	147022	171518	166805	178950	161273	159541	171623	157654	180240
JAPAN	4300	4099	3912	3803	4136	4242	4159	3707	1824	2723	2800
OCEANIA	7789	5859*	4430	9389	7716	11175	9415	11347	12050	13307	9954
AUSTRALIA	7598	5698	4225	9173	7453	10816	9031	11005	11672	12855	9529
NEW ZEALAND	191	161*	205	216	263	359	384	342	379	452	425
O.E.C.D. - EUROPE (excluding Yugoslavia)	91801*	93431	97703	98041	101368	104225	98111	112572	113414	115702*	118518
EUROPEAN ECONOMIC COMMUNITY - TOTAL	62398	63101	63468	63410	67518	69255	65820	76758	74817	79551	81286
BELGIUM	1763	1623	1758	1811	1832	1829	1732	1918	1798	1964	1816
LUXEMBOURG	108	106	99	105	111	120	116	114	127	98	127
DENMARK	4344	4664	4761	4465	4141	4984	5199	5783	5503	6213	6213
FRANCE	18456	19277	19407	18512	21886	22971	20660	25172	25245	25924	28991
GERMANY	12109	12739	13080	12690	13972	15061	12039	14768	14971	16054	13471
IRELAND	1234	1299	1350	1144	1314	1339	1368	1439	1259	1136	1174
ITALY	13687	13020	12983	14501	13311	11404	13233	13770	12761	13384	14022
NETHERLANDS	1779	1667	1763	1731	1541	1864	1762	2005	1800	1989	1766
UNITED KINGDOM	8918	8706	8267	8450	9411	9683	9711	11788	11354	12790	13707
OTHER O.E.C.D. EUROPE (excluding Yugoslavia)	29404*	30331	34235	34631	33850	34971	32291	35814	38597	36150*	37232
AUSTRIA	1855	1938	1885	1800	1906	2247	2275	2307	2230	2349	2020
FINLAND	1246	1302	1281	1575	1465	2156	1940	1444	1901	1778	2271
GREECE	2090	1938	2488	2517	2455	2387	2154	2351	2035	2744	2832
ICELAND	-	-	-	-	-	-	-	-	-	-	-
NORWAY	363	545	487	489	448	605	637	476	599	630	614
PORTUGAL	1254	1384	1656	1687	1440	1208	1298	1583	1491	1349	1451
SPAIN	7351*	7449	8609	8293	8763	6931	7108	8882	9020	7909*	8523
SWEDEN	2361	3594	2860	2791	2930	3764	3866	3623	3540	4470	4425
SWITZERLAND	512	455	487	521	539	568	518	696	511	632	558
TURKEY	12372	11726	14483	14958	13904	15106	12496	14453	17270	14288	14540
YUGOSLAVIA	..	..	10217	7449	12132	10952	8995	9813	10628	11720	10612

TOTAL CEREALS EXCLUDING RICE - ENSEMBLE DES CÉRÉALES SAUF RIZ

SUPERFICIE (Milliers d'hectares)

1966	1967	1968	1969	1970	1971	1972	1973	1974	1975	1976	
146091*	151515*	151440*	144970*	137883*	148166*	142185*	149814*	151987*			O.C.D.E. - TOTAL (non compris la Yougoslavie)
79914*	84798*	81900*	76675*	72056*	81196*	75531*	82419*	85454			O.C.D.E. AMÉRIQUE DU NORD
19600	19805	19879	18334	13531	18116	17844	18755	17748			CANADA
60314*	64993*	62021*	58341*	58525*	63080*	57687*	63664*	67706	70996		ÉTATS-UNIS
937*	827*	734*	650*	520*	397*	296*	228*	233*			JAPON
11614	11994	14306	12966	10732	11861	11747	13055	11805*			OCÉANIE
11480	11852	14096	12749	10539	11648	11514	12845	11615*			AUSTRALIE
134	142	210	217	193	213	233	210	190	225		NOUVELLE ZÉLANDE
53626	53896	54500	54679	54575	54712	54609	54112*	54495*			O.C.D.E. - EUROPE (non compris la Yougoslavie)
26710	26661	26977	26938	26945	26928	26942	26661*	26757*			COMMUNAUTÉ ÉCONOMIQUE EUROPÉENNE - TOTAL
505	486	483	473	463	458	462	452	439			BELGIQUE
47	47	46	47	45	44	44	43	42	42*		LUXEMBOURG
1605	1639	1686	1704	1737	1758	1778	1762	1734	1732		DANEMARK
9166	9276	9286	9352	9378	9535	9703	9780*	9808*	9680*		FRANCE
4939	4972	5085	5152	5183	5249	5304	5286	5299	5292		ALLEMAGNE
339	356	362	357	377	386	372	352	345	338		IRLANDE
5859	5627	5799	5753	5690	5340	5152	4943	5082			ITALIE
462	436	420	405	360	349	331	292	261*	244		PAYS-BAS
3788	3822	3810	3695	3712	3809	3796	3751	3747	3671		ROYAUME-UNI
26916	27235	27523	27741	27630	27784	27667	27451*	27738*			AUTRES PAYS EUROPÉENS DE L'O.C.D.E. (non compris la Yougoslavie)
900	903	912	957	962	970	975	982	986			AUTRICHE
1132	1180	1192	1158	1198	1206	1229	1248	1306	1313		FINLANDE
1694	1664	1683	1606	1579	1618	1548	1492*	1540*			GRÈCE
-	-	-	-	-	-	-	-	-	-		ISLANDE
231	229	228	245	259	267	271	280	291	301*		NORVÈGE
1607	1595	1485	1402	1378	1387	1362	1259	1297	1330		PORTUGAL
6896	7145	7322	7293	7369	7374	7436	7236	7458			ESPAGNE
1376	1395	1446	1486	1540	1527	1531	1529	1549	1521		SUÈDE
171	170	168	176	172	175	181	180	182			SUISSE
12909	12954	13087	13418	13173	13260	13134	13245	13129			TURQUIE
5233*	5222*	5255*	5154*	4805*	5035*	4986*	4776*	4793*			YOUGOSLAVIE

PRODUCTION (Milliers de tonnes métriques)

1966	1967	1968	1969	1970	1971	1972	1973	1974	1975	1976	
355386*	370077*	387946*	388542*	356249*	441578*	422418*	436873*	405238*			O.C.D.E. - TOTAL (non compris la Yougoslavie)
219141	234045	232136	236914	211405	272572	259641	269537	230111			O.C.D.E. AMÉRIQUE DU NORD
38478	29906	34302	35723	28335	38616	35229	36379	30587			CANADA
180663	204139	197834	201192	183070	233956	224412	233158	199524	242427		ÉTATS-UNIS
2353*	2243*	2220*	1715*	1171*	1060*	724*	525*	578*			JAPON
16867	10182	19414	14913	13233	15190	11267	17402	16850*			OCÉANIE
16398	9654	18672	14120	12655	14444	10376	16605	16122*			AUSTRALIE
469	528	742	792	578	746	891	797	728*	807*		NOUVELLE ZÉLANDE
117025	132607	134176	135001	130440	152755	150786	149408*	157698*			O.C.D.E. - EUROPE (non compris la Yougoslavie)
78459	89676	91077	91661	87679	99988	102644	105163	107521*			COMMUNAUTÉ ÉCONOMIQUE EUROPÉENNE - TOTAL
1460	1989	1870	1736	1566	1931	1968	2115	2087	1469		BELGIQUE
117	158	147	155	109	142	137	139	129*	104*		LUXEMBOURG
5950	6153	6785	6775	6232	7026	7067	6633	7261	6304		DANEMARK
26633	31727	33147	33062	31683	37067	40485	42840	41123	35627		FRANCE
14370	17484	18496	18362	16778	20317	19636	20541	21974	20611		ALLEMAGNE
1108	1269	1451	1403	1371	1580	1432	1295	1440	1257*		IRLANDE
13757	14420	14399	14986	15335	15449	15088	14938	15810			ITALIE
1623	1840	1654	1616	1351	1512	1319	1359	1314	1094*		PAYS-BAS
13424	14635	13128	13566	13254	14963	15514	15304	16382	13810		ROYAUME-UNI
38566	42931	43099	43339	42762	52768	48142	44245*	50177*			AUTRES PAYS EUROPÉENS DE L'O.C.D.E. (non compris la Yougoslavie)
2649	2935	3046	3406	3071	3546	3318	3787	4014			AUTRICHE
2016	2351	2482	2647	2869	3112	3022	2796	2852	3442		FINLANDE
3046	3196	2493	2698	3209	3425	3351	3208*	3663*			GRÈCE
-	-	-	-	-	-	-	-	-	-		ISLANDE
503	623	820	642	826	864	811	912	1128			NORVÈGE
1134	1573	1718	1307	1413	1698	1434	1295	1336	1504		PORTUGAL
8886	10305	11222	11042	9942	13326	11731	11255	12908*			ESPAGNE
3504	4546	4907	3982	4988	5397	5222	4798	6599	4894		SUÈDE
567	672	653	640	632	775	738	750	860			SUISSE
16261	16729	15759	16974	15723	20624	18516	15444	16817			TURQUIE
13915	13228	12125	13654	11603	13995	13680	14135	15614			YOUGOSLAVIE

RICE, PADDY - RIZ, PADDY

	1955	1956	1957	1958	1959	1960	1961	1962	1963	1964	1965
AREA (Thousand hectares)											
O.E.C.D. - TOTAL (excluding Yugoslavia)	4318	4214	4142	4184	4283	4295	4310	4381	4334	4323	4332
O.E.C.D. NORTH AMERICA	739	635	542	573	642	645	643	717	717	723	725
CANADA	-	-	-	-	-	-	-	-	-	-	-
UNITED STATES	739	635	542	573	642	645	643	717	717	723	725
JAPAN	3222	3243	3239	3253	3288	3308	3312	3295	3276	3264	3258
OCEANIA	16	17	20	19	19	20	19	20	22	24	25
AUSTRALIA	16	17	20	19	19	20	19	20	22	24	25
NEW ZEALAND	-	-	-	-	-	-	-	-	-	-	-
O.E.C.D. - EUROPE (excluding Yugoslavia)	341	319	341	339	334	322	336	349	319	312	324
EUROPEAN ECONOMIC COMMUNITY - TOTAL	189	161	153	163	168	162	156	149	145	150	156
BELGIUM	-	-	-	-	-	-	-	-	-	-	-
LUXEMBOURG	-	-	-	-	-	-	-	-	-	-	-
DENMARK	-	-	-	-	-	-	-	-	-	-	-
FRANCE	20	23	27	29	32	33	33	31	30	30	30
GERMANY	-	-	-	-	-	-	-	-	-	-	-
IRELAND	-	-	-	-	-	-	-	-	-	-	-
ITALY	169	138	126	134	136	129	123	118	115	120	126
NETHERLANDS	-	-	-	-	-	-	-	-	-	-	-
UNITED KINGDOM	-	-	-	-	-	-	-	-	-	-	-
OTHER O.E.C.D. EUROPE (excluding Yugoslavia)	152	158	188	176	166	160	180	200	174	162	168
AUSTRIA	-	-	-	-	-	-	-	-	-	-	-
FINLAND	-	-	-	-	-	-	-	-	-	-	-
GREECE	18	11	14	17	18	14	22	19	19	25	24
ICELAND	-	-	-	-	-	-	-	-	-	-	-
NORWAY	-	-	-	-	-	-	-	-	-	-	-
PORTUGAL	38	39	37	35	36	37	38	37	37	38	35
SPAIN	67	66	67	65	67	66	61	63	63	64	59
SWEDEN	-	-	-	-	-	-	-	-	-	-	-
SWITZERLAND	-	-	-	-	-	-	-	-	-	-	-
TURKEY	29	42	70	59	45	43	59	81	55	35	50
YUGOSLAVIA	8	6	5	6	6	6	6	6	6	6	6
PRODUCTION (Thousand metric tons)											
O.E.C.D. - TOTAL (excluding Yugoslavia)	20429	18005	18485	19396	20448	20767	20417	21724	21481	21393	21135
O.E.C.D. NORTH AMERICA	2536	2243	1948	2030	2433	2476	2458	2996	3187	3319	3460
CANADA	-	-	-	-	-	-	-	-	-	-	-
UNITED STATES	2536	2243	1948	2030	2433	2476	2458	2996	3187	3319	3460
JAPAN	16101	14169	14903	15591	16251	16715	16160	16927	16649	16356	16126
OCEANIA	97	90	81	108	126	128	114	134	136	142	153
AUSTRALIA	97	90	81	108	126	128	114	134	136	142	153
NEW ZEALAND	-	-	-	-	-	-	-	-	-	-	-
O.E.C.D. - EUROPE (excluding Yugoslavia)	1696	1503	1553	1667	1657	1448	1685	1668	1509	1577	1396
EUROPEAN ECONOMIC COMMUNITY - TOTAL	961	762	751	878	887	697	799	758	650	723	587
BELGIUM	-	-	-	-	-	-	-	-	-	-	-
LUXEMBOURG	-	-	-	-	-	-	-	-	-	-	-
DENMARK	-	-	-	-	-	-	-	-	-	-	-
FRANCE	81	99	114	141	132	75	99	95	86	99	78
GERMANY	-	-	-	-	-	-	-	-	-	-	-
IRELAND	-	-	-	-	-	-	-	-	-	-	-
ITALY	880	663	637	737	755	622	700	663	564	624	509
NETHERLANDS	-	-	-	-	-	-	-	-	-	-	-
UNITED KINGDOM	-	-	-	-	-	-	-	-	-	-	-
OTHER O.E.C.D. EUROPE (excluding Yugoslavia)	735	741	802	789	770	751	886	910	859	854	810
AUSTRIA	-	-	-	-	-	-	-	-	-	-	-
FINLAND	-	-	-	-	-	-	-	-	-	-	-
GREECE	61	43	60	66	67	55	81	68	77	107	104
ICELAND	-	-	-	-	-	-	-	-	-	-	-
NORWAY	-	-	-	-	-	-	-	-	-	-	-
PORTUGAL	183	160	162	149	143	151	177	174	166	181	139
SPAIN	380	384	388	375	386	361	394	392	399	398	350
SWEDEN	-	-	-	-	-	-	-	-	-	-	-
SWITZERLAND	-	-	-	-	-	-	-	-	-	-	-
TURKEY	102	154	192	199	154	184	234	276	217	167	217
YUGOSLAVIA	26	21	22	22	21	22	20	23	23	25	25

RICE, PADDY - RIZ, PADDY

SUPERFICIE (Milliers d'hectares)

1966	1967	1968	1969	1970	1971	1972	1973	1974	1975	1976	
4416	4435	4607	4546	4084	3847	3785	3927*	4196			O.C.D.E. - TOTAL (non compris la Yougoslavie)
796	797	952	861	734	736	736	878	1026			O.C.D.E. AMÉRIQUE DU NORD
.	.	.	.	.	.	.	.	.			CANADA
796	797	952	861	734	736	736	878	1026	1134		ÉTATS-UNIS
3258	3267	3284	3279	2927	2695	2640	2620	2724			JAPON
26	30	31	34	40	38	40	45	68			OCÉANIE
26	30	31	34	40	38	40	45	68			AUSTRALIE
.	.	.	.	.	.	.	.	.	.		NOUVELLE ZÉLANDE
336	341	340	372	383	378	369	384*	378			O.C.D.E. - EUROPE (non compris la Yougoslavie)
160	171	180	192	194	195	201	207	203	193		COMMUNAUTÉ ÉCONOMIQUE EUROPÉENNE - TOTAL
.	.	.	.	.	.	.	.	.	.		BELGIQUE
											LUXEMBOURG
.	.	.	.	.	.	.	.	.	.		DANEMARK
28	27	25	23	21	20	18	17	15	10		FRANCE
.	.	.	.	.	.	.	.	.	.		ALLEMAGNE
											IRLANDE
132	144	155	169	173	175	183	190	188	183		ITALIE
.	.	.	.	.	.	.	.	.	.		PAYS-BAS
											ROYAUME-UNI
176	170	160	180	189	183	168	177*	175			AUTRES PAYS EUROPÉENS DE L'O.C.D.E. (non compris la Yougoslavie)
.	.	.	.	.	.	.	.	.			AUTRICHE
17	18	21	21	16	15	15	17*	21			FINLANDE
											GRÈCE
.	.	.	.	.	.	.	.	.			ISLANDE
35	32	33	37	42	42	43	39	33			NORVÈGE
59	60	61	65	64	61	59	61	61			PORTUGAL
.	.	.	.	.	.	.	.	.	.		ESPAGNE
											SUÈDE
65	60	45	57	67	65	51	60	60			SUISSE
											TURQUIE
5	4	5	7	8	8	7	7	7			YOUGOSLAVIE

PRODUCTION (Milliers de tonnes métriques)

1966	1967	1968	1969	1970	1971	1972	1973	1974	1975	1976	
22163	24728	25262	24461	22351	20031	21145	22291*	23358*			O.C.D.E. - TOTAL (non compris la Yougoslavie)
3856	4054	4724	4169	3801	3890	3875	4208	5098			O.C.D.E. AMÉRIQUE DU NORD
.	.	.	.	.	.	.	.	.			CANADA
3856	4054	4724	4169	3801	3890	3875	4208	5098	5789		ÉTATS-UNIS
16564	18782	18783	18200	16490	14003	15451	15771	15964	15902		JAPON
182	214	221	256	247	299	248	309	409	386		OCÉANIE
182	214	221	256	247	299	248	309	409	386		AUSTRALIE
.	.	.	.	.	.	.	.	.	.		NOUVELLE ZÉLANDE
1561	1677	1535	1837	1813	1838	1571	2002*	1887*			O.C.D.E. - EUROPE (non compris la Yougoslavie)
701	839	716	938	890	953	784	1101	1046	979		COMMUNAUTÉ ÉCONOMIQUE EUROPÉENNE - TOTAL
.	.	.	.	.	.	.	.	.	.		BELGIQUE
											LUXEMBOURG
.	.	.	.	.	.	.	.	.	.		DANEMARK
80	94	68	76	73	61	33	56	49	48		FRANCE
.	.	.	.	.	.	.	.	.	.		ALLEMAGNE
											IRLANDE
621	745	648	862	817	892	751	1045	997	931		ITALIE
.	.	.	.	.	.	.	.	.	.		PAYS-BAS
											ROYAUME-UNI
860	839	819	899	923	885	787	902*	841*			AUTRES PAYS EUROPÉENS DE L'O.C.D.E. (non compris la Yougoslavie)
.	.	.	.	.	.	.	.	.			AUTRICHE
80	93	102	101	79	70	74	82*	107*			FINLANDE
											GRÈCE
.	.	.	.	.	.	.	.	.			ISLANDE
154	146	149	176	195	162	164	168	130	123		NORVÈGE
375	366	362	411	382	361	346	387	367			PORTUGAL
.	.	.	.	.	.	.	.	.	.		ESPAGNE
											SUÈDE
251	234	205	212	247	292	204	266	238			SUISSE
											TURQUIE
23	20	18	28	32	36	31	32	31			YOUGOSLAVIE

TOTAL CEREALS INCLUDING RICE - ENSEMBLE DES CÉRÉALES RIZ INCLUS

	1955	1956	1957	1958	1959	1960	1961	1962	1963	1964	1965
AREA (Thousand hectares)											
O.E.C.D. - TOTAL (excluding Yugoslavia)	159454*	152524*	154522	157805	159403	159313	149192	147645	149154	148298*	147798*
O.E.C.D. NORTH AMERICA	94259	88197	89494	91407	92640	91581	82004	78864	80927	79613	78979*
CANADA	18853	17978	17158	17471	17818	17591	17147	18342	18558	18665	18624
UNITED STATES	75406	70219	72336	73936	74822	73990	64857	60522	62369	60948	60355*
JAPAN	5162	5145	5056	5031	5016	4972	4871	4754	4611	4419	4303
OCEANIA	6530	5346*	5943	7110	7459	8425	8576	9275	9322	9953	9979
AUSTRALIA	6457	5280	5867	7034	7366	8317	8452	9152	9185	9817	9850
NEW ZEALAND	73	66*	76	76	93	108	124	123	137	136	129
O.E.C.D. - EUROPE (excluding Yugoslavia)	53503*	53836	54029	54257	54378	54335	53741	54752	54294	54313*	54537
EUROPEAN ECONOMIC COMMUNITY - TOTAL	26552	26343	26822	26790	26638	26758	26548	27027	26655	26876	27040
BELGIUM	506	515	518	537	523	524	519	511	501	501	516
LUXEMBOURG	51	50	51	51	50	49	49	48	46	48	49
DENMARK	1326	1366	1395	1392	1459	1445	1536	1543	1570	1568	1598
FRANCE	8911	8473	8952	8939	9075	9196	9135	9405	9158	9222	9378
GERMANY	4802	4870	4874	4915	4966	4899	4904	4896	4928	4998	4924
IRELAND	453	446	475	481	447	454	436	432	403	389	378
ITALY	7026	7012	7018	6908	6709	6573	6387	6487	6300	6245	6056
NETHERLANDS	519	523	526	538	511	515	526	508	490	481	485
UNITED KINGDOM	2958	3088	3013	3029	2938	3103	3056	3197	3259	3424	3656
OTHER O.E.C.D. EUROPE (excluding Yugoslavia)	26951*	27493	27207	27467	27740	27577	27193	27725	27639	27437*	27497
AUSTRIA	873	885	888	884	892	897	902	898	889	896	867
FINLAND	878	907	859	893	964	1019	1030	1060	1056	1125	1131
GREECE	1734	1741	1744	1743	1752	1723	1766	1744	1616	1751	1773
ICELAND	-	-	-	-	-	-	-	-	-	-	-
NORWAY	191	199	213	213	218	222	229	229	232	243	241
PORTUGAL	2021	2022	2053	2034	2077	1934	1885	1994	2006	1883	1860
SPAIN	7535*	7608	7578	7532	7441	7276	6962	7288	7263	7050*	7094
SWEDEN	1469	1586	1498	1454	1516	1391	1373	1362	1385	1384	1399
SWITZERLAND	171	174	167	167	172	169	180	185	175	175	172
TURKEY	12079	12371	12207	12547	12698	12946	12866	12965	13017	12930	12960
YUGOSLAVIA	..	..	..	..	..	..	..	5501*	5442*	5421*	5156*
PRODUCTION (Thousand metric tons)											
O.E.C.D. - TOTAL (excluding Yugoslavia)	283492*	282211*	293980	325645	324775	345851	309965	337988	354354	339122*	364692
O.E.C.D. NORTH AMERICA	161708	163060	171398	197046	193521	207918	180322	191634	208772	189316	215744
CANADA	23204	24486	22429	23497	24283	26492	16591	29097	33961	28343	32045
UNITED STATES	138505	138573	148969	173548	169239	181426	163731	162537	174810	160973	183700
JAPAN	20401	18268	18815	19394	20387	20957	20319	20634	18473	19079	18926
OCEANIA	7886	5949*	4511	9497	7842	11303	9529	11481	12186	13449	10107
AUSTRALIA	7695	5788	4306	9281	7579	10944	9145	11139	11807	12997	9682
NEW ZEALAND	191	161*	205	216	263	359	384	342	379	452	425
O.E.C.D. - EUROPE (excluding Yugoslavia)	93497*	94934	99256	99708	103025	105673	99795	114239	114923	117278*	119915
EUROPEAN ECONOMIC COMMUNITY - TOTAL	63358	63862	64219	64288	68406	69951	66619	77516	75468	80274	81873
BELGIUM	1763	1623	1758	1811	1832	1829	1732	1918	1798	1964	1816
LUXEMBOURG	108	106	99	105	111	120	116	114	127	98	127
DENMARK	4344	4664	4761	4465	4161	4984	5199	5783	5503	6213	6213
FRANCE	18537	19376	19521	18653	21978	23046	20759	25267	25331	26023	29069
GERMANY	12109	12739	13080	12690	13972	15061	12039	14768	14971	16054	13471
IRELAND	1234	1299	1350	1144	1314	1339	1368	1439	1259	1136	1174
ITALY	14567	13683	13620	15238	14066	12026	13933	14433	13325	14008	14531
NETHERLANDS	1779	1667	1763	1731	1541	1864	1762	2005	1800	1989	1766
UNITED KINGDOM	8918	8706	8267	8450	9411	9683	9711	11788	11354	12790	13707
OTHER O.E.C.D. EUROPE (excluding Yugoslavia)	30138*	31072	35037	35420	34620	35722	33177	36723	39456	37004*	38042
AUSTRIA	1855	1938	1885	1800	1906	2247	2275	2307	2230	2349	2020
FINLAND	1246	1302	1281	1575	1445	2156	1940	1444	1901	1778	2271
GREECE	2151	1981	2548	2583	2522	2442	2235	2419	2112	2851	2935
ICELAND	-	-	-	-	-	-	-	-	-	-	-
NORWAY	363	545	487	489	448	605	637	476	599	630	614
PORTUGAL	1437	1545	1818	1836	1603	1360	1475	1757	1657	1530	1590
SPAIN	7740*	7833	8997	8668	9189	7292	7501	9274	9419	8308*	8872
SWEDEN	2361	2594	2860	2791	2930	3744	3866	3623	3540	4470	4425
SWITZERLAND	512	455	487	521	539	568	518	696	511	632	558
TURKEY	12474	11879	14675	15157	14058	15289	12730	14729	17488	14455	14757
YUGOSLAVIA	..	..	10239	7471	12153	10974	9014	9836	10651	11745	10637

TOTAL CEREALS INCLUDING RICE - ENSEMBLE DES CÉRÉALES RIZ INCLUS

1966	1967	1968	1969	1970	1971	1972	1973	1974	1975	1976	
											SUPERFICIE (Milliers d'hectares)
—	150507*	155950*	156047*	149516*	141967*	152013*	145970*	153741*	156183*			O.C.D.E. - TOTAL (non compris la Yougoslavie)
80710*	85595*	82852*	77536*	72790*	81932*	76267*	83297*	86480			O.C.D.E. AMÉRIQUE DU NORD
19600	19805	19879	18334	13531	18116	17844	18755	17748			CANADA
61110*	65790*	62973*	59202*	59259*	63816*	58423*	64542*	68732	72130		ÉTATS-UNIS
4195*	4094*	4018*	3929*	3447*	3092*	2938*	2848*	2957*			JAPON
11640	12024	14337	13000	10772	11899	11787	13100	11873*			OCÉANIE
11506	11882	14127	12783	10579	11686	11554	12890	11683*			AUSTRALIE
134	142	210	217	193	213	233	210	190	225		NOUVELLE ZÉLANDE
53962	54237	54840	55051	54958	55090	54978	54496*	54873*			O.C.D.E. - EUROPE (non compris la Yougoslavie)
26870	26832	27157	27130	27139	27123	27143	26868*	26960*			COMMUNAUTE ÉCONOMIQUE EUROPÉENNE - TOTAL
505	486	483	473	463	458	462	452	439			BELGIQUE
47	47	46	47	45	44	44	43	42	42*		LUXEMBOURG
1605	1639	1686	1704	1737	1758	1778	1762	1734	1732		DANEMARK
9194	9303	9311	9375	9309	9555	9721	9797*	9823*	9690*		FRANCE
4939	4972	5085	5152	5193	5249	5304	5286	5299	5292		ALLEMAGNE
339	356	362	357	377	386	372	352	345	338		IRLANDE
5991	5771	5954	5922	5843	5515	5335	5133	5270			ITALIE
462	436	420	405	340	349	331	292	261*	244		PAYS-BAS
3788	3822	3810	3695	3712	3809	3796	3751	3747	3671		ROYAUME-UNI
27092	27405	27683	27921	27819	27967	27835	27628*	27913*			AUTRES PAYS EUROPÉENS DE L'O.C.D.E. (non compris la Yougoslavie)
900	903	912	957	962	970	975	982	986			AUTRICHE
1132	1180	1192	1158	1108	1206	1229	1248	1306	1313		FINLANDE
1711	1682	1704	1627	1595	1633	1563	1509*	1561*			GRÈCE
-	-	-	-	-	-	-	-	-	-		ISLANDE
231	229	228	245	259	267	271	280	291	301*		NORVÈGE
1642	1627	1518	1439	1490	1429	1405	1298	1330			PORTUGAL
6955	7205	7383	7358	7433	7435	7495	7297	7519			ESPAGNE
1376	1395	1446	1486	1540	1527	1531	1529	1549	1521		SUÈDE
171	170	168	176	172	175	181	180	182			SUISSE
12974	13014	13132	13475	13240	13325	13185	13305	13189			TURQUIE
—	5238*	5226*	5260*	5161*	4903*	5043*	4993*	4783*	4800*			YOUGOSLAVIE
											PRODUCTION (Milliers de tonnes métriques)
—	377549*	403805*	413208*	413004*	378599*	461609*	443564*	459163*	428596*			O.C.D.E. - TOTAL (non compris la Yougoslavie)
222998	239099	236860	241083	215206	276463	263517	273745	235209			O.C.D.E. AMÉRIQUE DU NORD
38478	29906	34302	35723	28335	38616	35229	36379	30587			CANADA
184520	209193	202558	205360	186871	237846	228287	237366	204622	248216		ÉTATS-UNIS
18917*	21025*	21003*	19915*	17661*	15063*	16175*	16296*	16542*			JAPON
17049	10397	19635	15168	13480	15489	11515	17711	17259*			OCÉANIE
16580	9868	18893	14376	12901	14743	10624	16914	16531*			AUSTRALIE
469	528	742	792	578	746	891	797	728*	807*		NOUVELLE ZÉLANDE
118586	134284	135710	136838	132253	154594	152358	151410*	159585*			O.C.D.E. - EUROPE (non compris la Yougoslavie)
79160	90514	91793	92599	88569	100941	103428	106264	108567*			COMMUNAUTE ÉCONOMIQUE EUROPÉENNE - TOTAL
1460	1989	1870	1736	1546	1931	1968	2115	2087	1469		BELGIQUE
117	158	147	155	109	142	137	139	129*	104*		LUXEMBOURG
5959	6153	6785	6775	6212	7026	7067	6633	7261	6304		DANEMARK
26713	31821	33215	33138	31756	37128	40518	42896	41172	35675		FRANCE
14370	17484	18496	18362	16778	20317	19636	20541	21974	20611		ALLEMAGNE
1108	1269	1451	1403	1371	1580	1432	1295	1440	1257*		IRLANDE
14378	15165	15047	15848	14152	16342	15839	15982	16807			ITALIE
1623	1840	1654	1616	1351	1512	1319	1359	1314	1094*		PAYS-BAS
13424	14635	13128	13566	13254	14963	15514	15304	16382	13810		ROYAUME-UNI
39426	43770	43918	44238	43684	53653	48930	45147*	51018*			AUTRES PAYS EUROPÉENS DE L'O.C.D.E. (non compris la Yougoslavie)
2640	2935	3046	3406	3071	3546	3318	3787	4014			AUTRICHE
2016	2351	2482	2647	2869	3112	3022	2796	2852	3442		FINLANDE
3126	3289	2595	2799	3378	3495	3425	3290*	3770*			GRÈCE
-	-	-	-	-	-	-	-	-	-		ISLANDE
503	623	820	642	826	864	811	912	1128			NORVÈGE
1288	1719	1867	1483	1608	1840	1598	1463	1465	1627		PORTUGAL
9261	10671	11584	11453	10324	13687	12076	11641	13275*			ESPAGNE
3504	4546	4907	3982	4988	5397	5222	4798	6599	4894		SUÈDE
567	672	653	640	632	775	738	749	860			SUISSE
16512	16963	15964	17186	15900	20916	18720	15709	17055			TURQUIE
13938	13248	12143	13682	11635	14031	13711	14167	15645			YOUGOSLAVIE

31

TOTAL PULSES - ENSEMBLE DES LÉGUMINEUSES

	1955	1956	1957	1958	1959	1960	1961	1962	1963	1964	1965
AREA (Thousand hectares)											
O.E.C.D. - TOTAL (excluding Yugoslavia)	..	..	..	..	..	..	..	..	..	..	..
O.E.C.D. NORTH AMERICA	921	872	811	872	853	798	813	810	783	770	774
CANADA	53	63	58	56	55	52	54	47	51	65	62
UNITED STATES	868	809	753	816	798	746	759	763	732	705	712
JAPAN	293	292	289	297	295	279	270	273	256	250	236
OCEANIA	39	36	33	41	35	36	33	36	37	36	33
AUSTRALIA	27	26	23	28	24	25	22	25	25	24	22
NEW ZEALAND	12	10	10	13	11	11	11	11	12	12	11
O.E.C.D. - EUROPE (excluding Yugoslavia)	..	..	..	..	..	..	..	..	..	..	..
EUROPEAN ECONOMIC COMMUNITY - TOTAL	..	..	..	..	..	..	..	..	..	..	..
BELGIUM	14	15	13	11	11	10	11	9	10	10	9
LUXEMBOURG	-	1	-	-	1	1	1	1	1	1	1
DENMARK	..	..	..	..	..	..	..	..	..	..	..
FRANCE	225	215	209	197	191	187	142	126	117	97	96
GERMANY	45*	43*	39	36	35	30	34	41	41	43	40
IRELAND	1	1	1	1	2	2	2	3	-	-	-
ITALY	1206	1180	1192	1164	1155	1150	1087	1051	996	917	839
NETHERLANDS	46	44	43	36	38	35	29	20	25	26	21
UNITED KINGDOM	102	101	78	77	62	62	47	46	37	40	48
OTHER O.E.C.D. EUROPE (excluding Yugoslavia)	..	..	..	..	..	..	..	..	..	2209*	2169
AUSTRIA	2	1	1	1	5	5	5	3	5	5	6
FINLAND	10	9	9	8	5	5	3	3	2	2	2
GREECE	..	..	..	..	..	..	..	..	..	163	176
ICELAND	-	-	-	-	-	-	-	-	-	-	-
NORWAY	-	-	-	-	-	-	-	-	-	-	-
PORTUGAL	450	439	433	432	464	464	570	571	573	572	557
SPAIN	965*	960	977	1001	984	931	976	953	943	891*	865
SWEDEN	27	29	28	26	21	22	18	16	13	13	11
SWITZERLAND	-	-	-	-	-	-	-	-	-	-	-
TURKEY	520	518	530	535	543	573	588	587	565	563	552
YUGOSLAVIA	105	105	112	95	90	93	98	91	97	91	93
PRODUCTION (Thousand metric tons)											
O.E.C.D. - TOTAL (excluding Yugoslavia)	4318*	4021	4326	4405	4586	4425	4392	4307	4527*	4042*	3868*
O.E.C.D. NORTH AMERICA	978	1108	964	1082	1170	1030	1152	1134	1231	1095	1004
CANADA	55	80	67	64	59	58	64	61	70	103	96
UNITED STATES	923	1028	897	1018	1111	973	1087	1073	1161	992	908
JAPAN	359	240	305	349	364	375	373	289	304	200	279
OCEANIA	51	48	54	51	50	43	45	42	50	52	47
AUSTRALIA	27	31	31	22	27	18	20	21	23	22	23
NEW ZEALAND	24	17	23	29	23	25	25	21	27	30	24
O.E.C.D. - EUROPE (excluding Yugoslavia)	2931*	2624	3003	2923	3003	2977	2822	2842	2942*	2695*	2538*
EUROPEAN ECONOMIC COMMUNITY - TOTAL	1535	1208	1541	1393	1372	1371	1219	1226	1314*	1203*	1157*
BELGIUM	39	37	37	31	31	34	36	36	31	34	27
LUXEMBOURG	1	1	1	1	1	2	2	3	3	1	1
DENMARK	15	18	21	15	13	20	24	14	15	15	8
FRANCE	236	234	227	216	194	228	168	145	160	117	127
GERMANY	96	89	80	75	62	65	77	101	101	106	97*
IRELAND	-	-	-	-	-	-	-	-	-	-	-
ITALY	752	562	883	830	809	748	702	720	830	730	717
NETHERLANDS	147	87	127	103	120	129	98	80	75	86	53
UNITED KINGDOM	249	180	165	122	143	145	111	127	100*	113*	129*
OTHER O.E.C.D. EUROPE (excluding Yugoslavia)	1396*	1417	1462	1531	1630	1606	1604	1616	1629	1492*	1380
AUSTRIA	5	4	4	4	5	6	6	6	11	12	12
FINLAND	10	13	13	10	7	8	5	3	3	3	4
GREECE	119	119	115	118	120	146	152	137	120	129	135
ICELAND	-	-	-	-	-	-	-	-	-	-	-
NORWAY	1	1	1	-	-	-	-	-	-	-	-
PORTUGAL	109	101	111	105	121	98	121	117	127	118	94
SPAIN	641*	642	646	686	740	681	699	748	742	624*	530
SWEDEN	24	50	40	34	30	28	29	19	18	23	17
SWITZERLAND	-	-	-	-	-	-	-	-	-	-	-
TURKEY	487	487	532	574	597	640	592	586	608	594	589
YUGOSLAVIA	432	374	425	270	412	402	365	337	367	389	323

TOTAL PULSES - ENSEMBLE DES LÉGUMINEUSES

SUPERFICIE (Milliers d'hectares)

1966	1967	1968	1969	1970	1971	1972	1973	1974	1975	1976	
—	..	..	3904*	3837*	3731*	3566*	3503*	3382*	3549*			O.C.D.E. - TOTAL (non compris la Yougoslavie)
780	651	707*	753*	742*	695*	703*	689*	807*			O.C.D.E. AMÉRIQUE DU NORD
73	54	58	65	68	79	81	81	97			CANADA
707	597	649*	688*	674*	616*	622*	608*	710*	662*		ÉTATS-UNIS
245	219	192	177	186*	181*	178*	174*	174*			JAPON
35	37	41	56	62	101	103	105*	169*			OCÉANIE
23	26	27	36	37	78	80	84*	144*			AUSTRALIE
12	11	14	20	25	23	23	21	25*			NOUVELLE ZÉLANDE
..	..	2964	2851*	2741*	2589*	2519*	2414*	2399*			O.C.D.E. - EUROPE (non compris la Yougoslavie)
..	..	977	938*	914*	753*	612*	544*	545*			COMMUNAUTE ECONOMIQUE EUROPÉENNE - TOTAL
9	8	8	8	7	5	4	3	4*			BELGIQUE
1	1	1	-	-	-	-	-	-			LUXEMBOURG
..	..	12	26	23	22	10	5	5	-		DANEMARK
90	80	70	52	81	76	50	49	55	69		FRANCE
40	42	40	43*	37*	37*	28*	31*	36*	31*		ALLEMAGNE
-	-	-	-	-	-	-	-	-			IRLANDE
806	767	719	682	643	514	435	366	340			ITALIE
19	15	14	15	17	13	10	9	12	12		PAYS-BAS
56	73	113	112	106	86	75	81	93	69		ROYAUME-UNI
2178	2100	1987	1913	1827	1836	1907*	1870*	1854*			AUTRES PAYS EUROPÉENS DE L'O.C.D.E. (non compris la Yougoslavie)
8	8	6	2	2	2	2	-	-			AUTRICHE
2	2	2	1	2	2	3	3	7	6*		FINLANDE
161	156	125	130	120	116	111	115*	105*			GRÈCE
-	-	-	-	-	-	-	-	-			ISLANDE
-	-	-	-	-	-	-	-	-	-		NORVÈGE
543	507	484	469	447	413	405	388	383	401		PORTUGAL
896	867	819	760	714	758	773*	736	741			ESPAGNE
12	8	7	7	9	9	9	11	11			SUÈDE
-	-	-	-	-	-	-	1	1			SUISSE
556	552	544	544	523	536	604	616	606			TURQUIE
—	92	91	90	83	84	83	79	79	82		YOUGOSLAVIE

PRODUCTION (Milliers de tonnes métriques)

1966	1967	1968	1969	1970	1971	1972	1973	1974	1975	1976	
4157*	4151*	4040*	4200*	4002*	3870*	3860*	3566*	4072*			O.C.D.E. - TOTAL (non compris la Yougoslavie)
1154	898	986*	1115*	1034*	1032*	1048*	940*	1208*			O.C.D.E. AMÉRIQUE DU NORD
110	69	72	88	95	132	131	122	139			CANADA
1044	828	915*	1027*	940*	900*	917*	819*	1069*	904*		ÉTATS-UNIS
206	291	246	215	257*	191*	275*	241*	245*			JAPON
42	53	61	86	78	97	101	131*	196*			OCÉANIE
14	20	25	29	28	46	43	71*	121*			AUSTRALIE
29	32	36	57	50	52	58	60	75			NOUVELLE ZÉLANDE
2754*	2911*	2747*	2785*	2633*	2550*	2437*	2255*	2423*			O.C.D.E. - EUROPE (non compris la Yougoslavie)
1153*	1268*	1194*	1310*	1256*	1125*	969*	911*	999*			COMMUNAUTE ECONOMIQUE EUROPÉENNE - TOTAL
23	27	21	21	18	17	12	10*	13*	16*		BELGIQUE
1	1	1	1	1	1	-	1	-	-*		LUXEMBOURG
5	22	38	68	81	66	31	11	14			DANEMARK
140	108	111	105	152	146	88	95	114	149		FRANCE
108*	122*	113*	106*	85*	90*	69*	79*	95*	79*		ALLEMAGNE
-	-	-	-	-	-	-	1	1			IRLANDE
670	688	582	660	619	559	509	432	426*			ITALIE
43	62	42	47	50	41	22	25	38	36		PAYS-BAS
164*	238	287	302	247	207	239	258	297	177		ROYAUME-UNI
1601	1643	1553	1475	1378	1425	1468*	1344*	1424*			AUTRES PAYS EUROPÉENS DE L'O.C.D.E. (non compris la Yougoslavie)
21	23	17	8	6	5	5	4	4			AUTRICHE
3	3	3	2	3	3	6	7	13	11		FINLANDE
148	155	119	121	118	112	109	116*	103*			GRÈCE
-	-	-	-	-	-	-	-	-	-		ISLANDE
-	-	-	-	-	-	-	-	-			NORVÈGE
105	117	112	101	100	105	94	92	81	81		PORTUGAL
718	721	692	642	575	566	572*	517*	532			ESPAGNE
16	13	15	10	15	16	15	17	22			SUÈDE
-	-	-	-	-	-	-	1	3	5		SUISSE
589	610	594	592	542	620	665	589	664			TURQUIE
360	329	296	298	288	264	230	269	252			YOUGOSLAVIE

POTATOES - POMMES DE TERRE

	1955	1956	1957	1958	1959	1960	1961	1962	1963	1964	1965
AREA (Thousand hectares)											
O.E.C.D. - TOTAL (excluding Yugoslavia)	5321*	5360	5222	5161*	5150	5146	5043	4897	4865	4495	4279
O.E.C.D. NORTH AMERICA	698	682	675	701	654	679	723	661	651	627	680
CANADA	129	127	125	123	115	118	124	116	116	112	120
UNITED STATES	569	555	550	578	539	561	599	545	535	515	560
JAPAN	211	208	209	205	200	204	217	216	208	220	213
OCEANIA	54	46	52	60	54	55	48	49	55	51	47
AUSTRALIA	44	38	41	48	42	44	37	38	46	41	36
NEW ZEALAND	10	8	11	12	12	11	11	11	9	10	11
O.E.C.D. - EUROPE (excluding Yugoslavia)	4358*	4424	4286	4195*	4242	4208	4055	3971	3951	3597	3339
EUROPEAN ECONOMIC COMMUNITY - TOTAL	3265	3308	3158	3077	3078	3054	2895	2849	2820	2530	2304
BELGIUM	84	86	82	81	79	79	72	68	69	61	58
LUXEMBOURG	7	7	6	6	6	6	5	5	5	4	4
DENMARK	94	96	88	83	87	92	72	62	64	54	41
FRANCE	938	962	897	884	887	880	888	861	843	690	574
GERMANY	1128	1135	1119	1061	1053	1041	976	963	925	851	783
IRELAND	116	115	107	106	105	95	86	85	83	74	71
ITALY	391	387	386	384	386	378	379	377	386	356	348
NETHERLANDS	153	147	145	140	145	148	133	130	134	125	125
UNITED KINGDOM	354	373	328	332	330	335	284	298	311	315	300
OTHER O.E.C.D. EUROPE (excluding Yugoslavia)	1093*	1116	1128	1118*	1164	1154	1160	1122	1131	1067	1035
AUSTRIA	180	181	180	178	171	180	172	169	161	158	145
FINLAND	86	93	95	86	85	86	77	74	77	71	73
GREECE	41	40	42	39	43	38	56	57	57	58	56
ICELAND	1*	1	1	1*	1	1	1	1	1	1	1
NORWAY	56	58	55	53	55	57	53	50	52	49	48
PORTUGAL	89	89	90	84	89	92	108	102	109	109	101
SPAIN	354	364	372	373	400	395	416	409	411	365	368
SWEDEN	123	122	119	114	119	92	79	74	76	66	59
SWITZERLAND	54	58	55	53	53	53	51	49	47	45	39
TURKEY	109	110	119	137	148	160	147	137	140	145	145
YUGOSLAVIA	261	268	285	277	290	288	292	301	321	320	320
PRODUCTION (Thousand metric tons)											
O.E.C.D. - TOTAL (excluding Yugoslavia)	84098	95640	90118	86219	85110	93684	89613	89118	95503	83246	80913
O.E.C.D. NORTH AMERICA	12165	13081	12985	13903	12741	13599	15298	14138	14389	13082	15281
CANADA	1837	1932	1984	1797	1615	1937	2001	2126	2089	2147	2077
UNITED STATES	10328	11149	11001	12106	11125	11662	13298	12012	12300	10935	13204
JAPAN	2908	2749	3372	3396	3251	3594	3848	3678	3409	3914	4056
OCEANIA	622	511	675	744	736	748	651	725	862	775	763
AUSTRALIA	476	408	527	585	584	589	458	534	677	571	516
NEW ZEALAND	147	102	148	160	152	159	193	191	184	204	247
O.E.C.D. - EUROPE (excluding Yugoslavia)	68403	79299	73087	68176	68382	75743	69815	70577	76843	65475	60813
EUROPEAN ECONOMIC COMMUNITY - TOTAL	54543	62876	57282	52155	53258	58527	53629	56014	59575	50091	46314
BELGIUM	2184	2033	2043	1914	1357	1894	1789	1872	1530	1755	1419
LUXEMBOURG	133	121	134	94	112	103	99	120	114	74	74
DENMARK	1482	2140	1781	1558	1731	1963	1490	1163	1334	1213	937
FRANCE	13750	16847	13904	12746	12212	14894	14312	13379	15959	11551	11231
GERMANY	21044	24616	24187	20851	20801	22580	19784	23084	23747	18974	16647
IRELAND	2148	2649	2377	1880	2634	1829	2145	2118	1969	1526	1648
ITALY	3382	3414	3157	3668	3979	3818	3932	3561	4384	3823	3550
NETHERLANDS	4083	3402	3917	3799	3315	4173	3720	3953	3855	4111	3230
UNITED KINGDOM	6378	7654	5782	5645	7037	7273	6358	6765	6682	7064	7578
OTHER O.E.C.D. EUROPE (excluding Yugoslavia)	13860	16423	15805	16021	15124	17216	16187	14563	17269	15384	14499
AUSTRIA	3005	3229	4034	3542	2946	3809	3395	3214	3499	3438	2539
FINLAND	1067	1693	1255	1381	1079	1717	1057	950	1221	850	1257
GREECE	422	456	507	469	400	423	400	403	466	544	517
ICELAND	6	7	8	7	7	10	13	10	9	8	13
NORWAY	981	1392	1010	1202	1071	1247	1222	919	1218	804	1134
PORTUGAL	1105	1102	1196	1087	866	1041	1056	894	1145	1143	888
SPAIN	4081	4307	3954	4292	4588	4620	4918	4153	5075	4254	4079
SWEDEN	1143	1849	1376	1259	1276	1658	1481	1404	1791	1436	1456
SWITZERLAND	934	1288	1264	1311	1302	1291	1239	1127	1246	1206	906
TURKEY	1116	1100	1200	1472	1500	1400	1405	1489	1600	1700	1680
YUGOSLAVIA	2270	2190	3310	2620	2760	3270	2690	2630	3020	2820	2380

POTATOES - POMMES DE TERRE

SUPERFICIE (Milliers d'hectares)

1966	1967	1968	1969	1970	1971	1972	1973	1974	1975	1976	
4167	4092	3964	3769	3793	3568	3297*	3296*	3303*			O.C.D.E. - TOTAL (non compris la Yougoslavie)
721	685	683	697	703	672	605	633	676			O.C.D.E. AMÉRIQUE DU NORD
129	94	123	124	128	109	98	105	113			CANADA
592	591	560	573	575	563	507	528	563	509		ÉTATS-UNIS
185	174	179	169	151	148	145	141	131			JAPON
49	48	53	56	53	47	48	46	43*			OCÉANIE
39	40	43	46	43	39	40	37	34	40		AUSTRALIE
10	8	10	10	10	8	8	9	9*			NOUVELLE ZÉLANDE
3212	3185	3049	2847	2886	2701	2499*	2476*	2453*			O.C.D.E. - EUROPE (non compris la Yougoslavie)
2188	2153	2034	1849	1873	1711	1510	1493	1462	1377		COMMUNAUTÉ ÉCONOMIQUE EUROPÉENNE - TOTAL
60	62	55	51	55	50	44	50	48	43		BELGIQUE
3	3	3	2	2	2	2	2	2	1		LUXEMBOURG
40	37	35	34	37	32	29	32	34	31		DANEMARK
536	514	475	419	411	372	309	317	315	314		FRANCE
732	707	659	589	507	554	503	481	468	415		ALLEMAGNE
68	65	59	55	57	52	44	48	40	40		IRLANDE
347	339	319	306	286	238	194	182	181	178		ITALIE
131	139	149	145	157	154	149	156	159	151		PAYS-BAS
271	287	280	248	271	257	236	225	215	204		ROYAUME-UNI
1024	1032	1015	998	1013	990	989*	983*	991*			AUTRES PAYS EUROPÉENS DE L'O.C.D.E. (non compris la Yougoslavie)
137	134	130	113	110	105	101	84	82			AUTRICHE
68	65	65	67	60	50	48	46	48	48		FINLANDE
55	56	54	55	59	51	52	56*	56*			GRÈCE
-	1	-	1	1	1	1*	1*	1*	1*		ISLANDE
45	40	38	35	34	31	29	29	30	25		NORVÈGE
101	117	105	107	113	110	112	109	112	111		PORTUGAL
375	376	382	377	397	394	401	409	407			ESPAGNE
54	55	56	53	53	50	45	45	47	41		SUÈDE
39	38	37	33	31	29	25	24	23			SUISSE
150	150	148	157	155	169	175	180	185			TURQUIE
333	330	332	330	329	326	315	317	321			YOUGOSLAVIE

PRODUCTION (Milliers de tonnes métriques)

1966	1967	1968	1969	1970	1971	1972	1973	1974	1975	1976	
82414	86462	84063	78115	82672	79212	74295	73895*	77431*			O.C.D.E. - TOTAL (non compris la Yougoslavie)
16416	15989	15633	16365	17071	16541	15415	15739	17936			O.C.D.E. AMÉRIQUE DU NORD
2480	2120	2233	2194	2295	2056	1991	2159	2421			CANADA
13936	13869	13399	14171	14776	14486	13424	13580	15515	14318		ÉTATS-UNIS
3236	3551	3913	3474	3488	3156	3422	3302	2824			JAPON
884	841	904	1068	1015	957	1042	937	837*			OCÉANIE
649	653	669	811	762	747	822	693	637	699		AUSTRALIE
235	187	236	256	253	210	220	244	200*			NOUVELLE ZÉLANDE
61878	66081	63613	57209	61098	58558	54417	53918*	55835*			O.C.D.E. - EUROPE (non compris la Yougoslavie)
46693	50670	47692	42283	44738	43227	39453	39000	40427	32917*		COMMUNAUTÉ ÉCONOMIQUE EUROPÉENNE - TOTAL
1475	1944	1566	1478	1597	1623	1337	1418	1738	1272		BELGIQUE
68	91	66	62	68	65	61	57	28	28*		LUXEMBOURG
972	857	866	663	1013	750	709	748	898	675*		DANEMARK
10604	10391	10033	9032	8868	8994	7384	7336	7480	7210		FRANCE
17332	19590	17660	14706	14950	13962	13835	12583	13385	9945		ALLEMAGNE
1670	1748	1625	1453	1465	1429	1070	1332	1111	978		IRLANDE
3860	4010	3960	3970	3648	3259	2949	2947	2903	3035		ITALIE
4124	4840	5045	4704	5604	5749	5581	5771	6095	5003		PAYS-BAS
6580	7201	6872	6215	7482	7397	6527	6808	6790	4731		ROYAUME-UNI
15186	15411	15921	14926	16360	15331	14964	14918*	15407*			AUTRES PAYS EUROPÉENS DE L'O.C.D.E. (non compris la Yougoslavie)
3007	3049	3473	2941	2704	2717	2341	2117	1994			AUTRICHE
1066	881	908	780	1116	803	716	669	525	718		FINLANDE
531	599	603	676	756	668	689	733*	757*			GRÈCE
5	7	6	5	5	11	9	6	13			ISLANDE
1090	807	912	763	857	708	634	672	847			NORVÈGE
923	1296	1083	1126	1290	1124	1139	1086	1115	927		PORTUGAL
4423	4490	4546	4789	5301	4865	5275	5579	5693			ESPAGNE
1340	1398	1486	931	1400	1242	1137	947	1257	951		SUÈDE
1049	1125	1098	979	977	1093	824	910	929			SUISSE
1750	1760	1805	1936	1915	2100	2200	2200	2275			TURQUIE
3230	2810	2890	3144	2964	2952	2406	2974	3127			YOUGOSLAVIE

SWEET POTATOES - PATATES DOUCES

AREA (Thousand hectares)

	1955	1956	1957	1958	1959	1960	1961	1962	1963	1964	1965
O.E.C.D. - TOTAL (excluding Yugoslavia)	..	..	..	..	482	418	412	415	392	366	332
O.E.C.D. NORTH AMERICA	138	112	111	104	104	77	74	82	69	61	68
CANADA	-	-	-	-	-	-	-	-	-	-	-
UNITED STATES	138	112	111	104	104	77	74	82	69	61	68
JAPAN	376	386	365	360	366	330	327	323	313	297	257
OCEANIA	-	-	-	-	-	-	-	-	-	-	-
AUSTRALIA	-	-	-	-	-	-	-	-	-	-	-
NEW ZEALAND	-	-	-	-	-	-	-	-	-	-	-
O.E.C.D. - EUROPE (excluding Yugoslavia)	..	..	..	..	12	11	11	10	10	8	7
EUROPEAN ECONOMIC COMMUNITY - TOTAL	..	..	..	..	2	2	2	2	2	2	2
BELGIUM	-	-	-	-	-	-	-	-	-	-	-
LUXEMBOURG	-	-	-	-	-	-	-	-	-	-	-
DENMARK	-	-	-	-	-	-	-	-	-	-	-
FRANCE	-	-	-	-	-	-	-	-	-	-	-
GERMANY	-	-	-	-	-	-	-	-	-	-	-
IRELAND	-	-	-	-	-	-	-	-	-	-	-
ITALY	..	..	..	..	2	2	2	2	2	2	2
NETHERLANDS	-	-	-	-	-	-	-	-	-	-	-
UNITED KINGDOM	-	-	-	-	-	-	-	-	-	-	-
OTHER O.E.C.D. EUROPE (excluding Yugoslavia)	10	10	10	10	10	9	9	8	8	6	5
AUSTRIA	-	-	-	-	-	-	-	-	-	-	-
FINLAND	-	-	-	-	-	-	-	-	-	-	-
GREECE	-	-	-	-	-	-	-	-	-	-	-
ICELAND	-	-	-	-	-	-	-	-	-	-	-
NORWAY	-	-	-	-	-	-	-	-	-	-	-
PORTUGAL	-	-	-	-	-	-	-	-	-	-	-
SPAIN	10	10	10	10	10	9	9	8	8	6	5
SWEDEN	-	-	-	-	-	-	-	-	-	-	-
SWITZERLAND	-	-	-	-	-	-	-	-	-	-	-
TURKEY	-	-	-	-	-	-	-	-	-	-	-
YUGOSLAVIA	-	-	-	-	-	-	-	-	-		

PRODUCTION (Thousand metric tons)

	1955	1956	1957	1958	1959	1960	1961	1962	1963	1964	1965
O.E.C.D. - TOTAL (excluding Yugoslavia)	..	..	..	..	7907	7102	7133	7133	7456	6589	5762
O.E.C.D. NORTH AMERICA	980	788	819	797	856	674	654	777	651	588	702
CANADA	-	-	-	-	-	-	-	-	-	-	-
UNITED STATES	980	788	819	797	856	674	654	777	651	588	702
JAPAN	7180	7073	6228	6370	6981	6277	6333	6217	6662	5875	4955
OCEANIA	7	6	5	8	8	8	3	3	3	4	4
AUSTRALIA	-	-	-	-	-	-	-	-	-	-	-
NEW ZEALAND	7	6	5	8	8	8	3	3	3	4	4
O.E.C.D. - EUROPE (excluding Yugoslavia)	..	..	..	..	152	143	143	137	140	122	101
EUROPEAN ECONOMIC COMMUNITY - TOTAL	..	..	..	..	29	29	27	29	33	36	35
BELGIUM	-	-	-	-	-	-	-	-	-	-	-
LUXEMBOURG	-	-	-	-	-	-	-	-	-	-	-
DENMARK	-	-	-	-	-	-	-	-	-	-	-
FRANCE	-	-	-	-	-	-	-	-	-	-	-
GERMANY	-	-	-	-	-	-	-	-	-	-	-
IRELAND	-	-	-	-	-	-	-	-	-	-	-
ITALY	..	..	..	..	29	29	27	29	33	36	36
NETHERLANDS	-	-	-	-	-	-	-	-	-	-	-
UNITED KINGDOM	-	-	-	-	-	-	-	-	-	-	-
OTHER O.E.C.D. EUROPE (excluding Yugoslavia)	132	121	113	117	123	114	116	108	107	86	66
AUSTRIA	-	-	-	-	-	-	-	-	-	-	-
FINLAND	-	-	-	-	-	-	-	-	-	-	-
GREECE	-	-	-	-	-	-	-	-	-	-	-
ICELAND	-	-	-	-	-	-	-	-	-	-	-
NORWAY	-	-	-	-	-	-	-	-	-	-	-
PORTUGAL	-	-	-	-	-	-	-	-	-	-	-
SPAIN	132	121	113	117	123	114	116	108	107	86	66
SWEDEN	-	-	-	-	-	-	-	-	-	-	-
SWITZERLAND	-	-	-	-	-	-	-	-	-	-	-
TURKEY	-	-	-	-	-	-	-	-	-	-	-
YUGOSLAVIA	-	-	-	-	-	-	-	-	-	-	-

SWEET POTATOES - PATATES DOUCES

1966	1967	1968	1969	1970	1971	1972	1973	1974	1975	1976	

SUPERFICIE (Milliers d'hectares)

1966	1967	1968	1969	1970	1971	1972	1973	1974	1975	1976	
312	275	246	214	187	158	143	125	121*			O.C.D.E. - TOTAL (non compris la Yougoslavie)
63	56	55	55	52	46	46	46	49			O.C.D.E. AMÉRIQUE DU NORD
-	-	-	-	-	-	-	-	-			CANADA
63	56	55	55	52	46	46	46	49	48		ÉTATS-UNIS
243	214	186	154	129	107	92	74	68*			JAPON
-	-	-	-	1	-	-	-	-			OCÉANIE
-	-	-	-	-	-	-	-	-			AUSTRALIE
-	-	-	-	1	-	-	-	-			NOUVELLE ZÉLANDE
6	5	5	5	5	5	5	5	4			O.C.D.E. - EUROPE (non compris la Yougoslavie)
2	2	2	2	1	1	1	1	1			COMMUNAUTE ECONOMIQUE EUROPÉENNE - TOTAL
-	-	-	-	-	-	-	-	-	-		BELGIQUE
											LUXEMBOURG
-	-	-	-	-	-	-	-	-	-		DANEMARK
-	-	-	-	-	-	-	-	-	-		FRANCE
-	-	-	-	-	-	-	-	-	-		ALLEMAGNE
2	2	2	2	1	1	1	1	1			IRLANDE
-	-	-	-	-	-	-	-	-			ITALIE
-	-	-	-	-	-	-	-	-			PAYS-BAS
-	-	-	-	-	-	-	-	-			ROYAUME-UNI
4	3	3	3	4	4	4	4	3			AUTRES PAYS EUROPÉENS DE L'O.C.D.E. (non compris la Yougoslavie)
-	-	-	-	-	-	-	-	-			AUTRICHE
-	-	-	-	-	-	-	-	-			FINLANDE
-	-	-	-	-	-	-	-	-			GRÈCE
-	-	-	-	-	-	-	-	-			ISLANDE
-	-	-	-	-	-	-	-	-			NORVÈGE
4	3	3	3	4	4	4	4	3			PORTUGAL
-	-	-	-	-	-	-	-	-			ESPAGNE
-	-	-	-	-	-	-	-	-			SUÈDE
-	-	-	-	-	-	-	-	-			SUISSE
-	-	-	-	-	-	-	-	-			TURQUIE
-	-	-	-	-	-	-	-	-			YOUGOSLAVIE

PRODUCTION (Milliers de tonnes métriques)

1966	1967	1968	1969	1970	1971	1972	1973	1974	1975	1976	
5518	4726	4283	3584	3251	2651	2631	2193*	1732*			O.C.D.E. - TOTAL (non compris la Yougoslavie)
620	612	607	652	608	532	565	569	631			O.C.D.E. AMÉRIQUE DU NORD
-	-	-	-	-	-	-	-	-			CANADA
620	612	607	652	608	532	565	569	631	619		ÉTATS-UNIS
4810	4031	3594	2855	2564	2041	1987	1550	1024*			JAPON
4	4	8	8	8	7	8	8	9*			OCÉANIE
-	-	-	-	-	-	-	-	-*			AUSTRALIE
4	4	7	8	8	7	8	8	9*			NOUVELLE ZÉLANDE
83	79	74	70	70	72	71	65*	67*			O.C.D.E. - EUROPE (non compris la Yougoslavie)
32	36	34	29	26	25	24	21	24			COMMUNAUTE ECONOMIQUE EUROPÉENNE - TOTAL
-	-	-	-	-	-	-	-	-			BELGIQUE
											LUXEMBOURG
-	-	-	-	-	-	-	-	-			DANEMARK
-	-	-	-	-	-	-	-	-			FRANCE
-	-	-	-	-	-	-	-	-	-		ALLEMAGNE
32	36	34	29	26	25	24	21	24			IRLANDE
-	-	-	-	-	-	-	-	-			ITALIE
-	-	-	-	-	-	-	-	-			PAYS-BAS
-	-	-	-	-	-	-	-	-			ROYAUME-UNI
51	43	40	40	44	47	47	45*	44*			AUTRES PAYS EUROPÉENS DE L'O.C.D.E. (non compris la Yougoslavie)
-	-	-	-	-	-	-	-	-			AUTRICHE
-	-	-	-	2	2	2	2*	2*			FINLANDE
-	-	-	-	-	-	-	-	-			GRÈCE
-	-	-	-	-	-	-	-	-			ISLANDE
-	-	-	-	-	-	-	-	-			NORVÈGE
51	43	40	40	42	45	45	43	42			PORTUGAL
-	-	-	-	-	-	-	-	-	-		ESPAGNE
-	-	-	-	-	-	-	-	-			SUÈDE
-	-	-	-	-	-	-	-	-			SUISSE
-	-	-	-	-	-	-	-	-			TURQUIE
-	-	-	-	-	-	-	-	-			YOUGOSLAVIE

SUGAR BEETS - BETTERAVES SUCRIÈRES

	1955	1956	1957	1958	1959	1960	1961	1962	1963	1964	1965
AREA (Thousand hectares)											
O.E.C.D. - TOTAL (excluding Yugoslavia)	1930	1978	2009	2175	2253	2316	2151	2197	2266	2544	2432
O.E.C.D. NORTH AMERICA	332	350	389	401	403	422	470	480	539	606	539
CANADA	33	32	34	40	37	35	34	34	39	41	34
UNITED STATES	299	318	355	361	366	387	436	446	500	565	505
JAPAN	17	21	29	36	40	48	48	52	50	49	60
OCEANIA	-	-	-	-	-	-	-	-	-	-	-
AUSTRALIA	-	-	-	-	-	-	-	-	-	-	-
NEW ZEALAND	-	-	-	-	-	-	-	-	-	-	-
O.E.C.D. - EUROPE (excluding Yugoslavia)	1581	1607	1591	1738	1810	1846	1633	1665	1677	1889	1833
EUROPEAN ECONOMIC COMMUNITY - TOTAL	1268	1259	1231	1344	1375	1383	1231	1247	1305	1421	1404
BELGIUM	57	62	62	66	64	63	62	57	57	64	65
LUXEMBOURG	-	-	-	-	-	-	-	-	-	-	-
DENMARK	57	61	86	91	55	55	39	42	69	84	60
FRANCE	374	376	347	365	387	428	359	352	371	425	395
GERMANY	262	269	259	284	287	294	260	290	301	327	299
IRELAND	22	24	29	34	28	28	27	32	36	32	27
ITALY	258	226	210	247	287	247	227	226	230	231	282
NETHERLANDS	67	69	65	81	93	93	85	77	70	79	92
UNITED KINGDOM	171	172	173	176	174	175	172	171	171	179	184
OTHER O.E.C.D. EUROPE (excluding Yugoslavia)	313	348	360	394	435	463	402	418	372	468	429
AUSTRIA	45	43	42	51	54	45	39	48	48	53	38
FINLAND	16	15	12	13	15	15	18	20	16	20	20
GREECE	-	-	-	-	-	-	2	6	10	12	17
ICELAND	-	-	-	-	-	-	-	-	-	-	-
NORWAY	-	-	-	-	-	-	-	-	-	-	-
PORTUGAL	-	-	-	-	-	-	-	-	-	-	-
SPAIN	98	112	102	133	144	145	158	166	116	144	146
SWEDEN	53	50	54	51	51	51	50	47	40	44	42
SWITZERLAND	6	6	6	6	6	5	5	5	7	8	8
TURKEY	95	122	144	140	165	202	130	126	135	187	158
YUGOSLAVIA	70	70	83	71	81	78	81	75	96	89	80
PRODUCTION (Thousand metric tons)											
O.E.C.D. - TOTAL (excluding Yugoslavia)	61562	60231	65150	74045	69240	87234	73856	69771	82865	91309	85617
O.E.C.D. NORTH AMERICA	11986	12599	15022	14946	16561	15894	17064	17560	22874	22396	20013
CANADA	890	810	956	1202	1125	997	1003	1003	1166	1178	1036
UNITED STATES	11096	11789	14066	13744	15436	14897	16061	16556	21708	21219	18977
JAPAN	375	463	673	911	999	1074	1136	1261	1200	1203	1813
OCEANIA	-	-	-	-	-	-	-	-	-	-	-
AUSTRALIA	-	-	-	-	-	-	-	-	-	-	-
NEW ZEALAND	-	-	-	-	-	-	-	-	-	-	-
O.E.C.D. - EUROPE (excluding Yugoslavia)	49202	47169	49455	58189	51680	70266	55656	50950	58791	67710	63791
EUROPEAN ECONOMIC COMMUNITY - TOTAL	41608	39198	40773	48380	40093	57415	44437	40959	48040	54425	52544
BELGIUM	2246	2204	2486	2832	1474	3063	2703	2019	2135	3114	2537
LUXEMBOURG	-	-	-	-	-	-	-	-	-	-	-
DENMARK	2022	2312	3064	3240	1503	2230	1397	1440	2598	3154	1883
FRANCE	10978	10885	11248	12885	7760	19021	13236	11565	13951	16241	16961
GERMANY	8936	8346	9690	11232	8169	12325	9253	9525	12493	12863	10939
IRELAND	607	640	808	798	943	951	892	931	952	893	759
ITALY	9208	7034	6176	7681	11459	7818	7071	7148	7882	7966	9079
NETHERLANDS	2984	2525	2689	3878	3008	4676	3854	2934	2691	3876	3573
UNITED KINGDOM	4629	5252	4612	5834	5598	7331	6031	5398	5338	6318	6813
OTHER O.E.C.D. EUROPE (excluding Yugoslavia)	7593	7971	8682	9809	11587	12851	11219	9991	10751	13285	11247
AUSTRIA	1430	1228	1656	2006	1951	1905	1250	1546	2090	2203	1462
FINLAND	247	259	250	237	257	411	456	367	455	431	408
GREECE	-	-	-	-	-	-	61	231	351	525	655
ICELAND	-	-	-	-	-	-	-	-	-	-	-
NORWAY	-	-	-	-	-	-	-	-	-	-	-
PORTUGAL	-	-	-	-	-	-	-	-	-	-	-
SPAIN	2208	2683	2223	3182	3916	3507	4350	3506	2703	3328	3654
SWEDEN	1663	1786	2103	1764	1733	2414	2001	1442	1574	1731	1340
SWITZERLAND	210	224	245	282	241	230	224	168	297	362	299
TURKEY	1735	1791	2206	2338	3469	4385	2877	2731	3281	4706	3421
YUGOSLAVIA	1380	1130	2030	1480	2420	2290	1730	1870	2670	2830	2620

SUGAR BEETS - BETTERAVES SUCRIÈRES

SUPERFICIE (Milliers d'hectares)

	1966	1967	1968	1969	1970	1971	1972	1973	1974	1975	1976
O.C.D.E. - TOTAL (non compris la Yougoslavie)	2310	2391	2552	2572	2575	2577	2644	2682*	2663*		
O.C.D.E. AMÉRIQUE DU NORD	503	488	603	655	600	576	569	521	518		
CANADA	33	34	32	32	28	33	31	28	27		
ÉTATS-UNIS	470	454	571	623	572	543	538	493	491	613	
JAPON	61	60	55	59	54	54	57	62*	47*		
OCÉANIE	-	-	-	-	-	-	-	-	-		
AUSTRALIE NOUVELLE ZÉLANDE	-	-	-	-	-	-	-	-	-		
O.C.D.E. - EUROPE (non compris la Yougoslavie)	1746	1843	1894	1858	1921	1947	2018	2099*	2098*		
COMMUNAUTÉ ÉCONOMIQUE EUROPÉENNE - TOTAL	1306	1395	1460	1442	1441	1459	1522	1607	1608		
BELGIQUE	67	78	90	90	90	93	101	104	105	120	
LUXEMBOURG	-	-	-	-	-	-	-	-	-		
DANEMARK	58	53	52	52	47	49	56	63	67		
FRANCE	295	314	404	401	403	425	448	512	534	602	
ALLEMAGNE	294	294	290	295	303	315	331	352	369	426	
IRLANDE	22	26	26	25	26	30	34	30	26	33*	
ITALIE	298	345	306	291	281	254	250	235	196	254	
PAYS-BAS	92	100	104	103	104	102	113	117	116	137	
ROYAUME-UNI	180	185	188	185	187	191	189	194	195	197	
AUTRES PAYS EUROPÉENS DE L'O.C.D.E. (non compris la Yougoslavie)	440	448	434	416	480	488	496	492*	490*		
AUTRICHE	47	42	44	47	44	39	48	51	54		
FINLANDE	17	18	15	13	15	17	19	21	23		
GRÈCE	17	17	18	22	27	25	22	25*	27*	24	
ISLANDE	-	-	-	-	-	-	-	-	-		
NORVÈGE	-	-	-	-	-	-	-	-	-		
PORTUGAL	157	171	180	182	221	199	207	190	142	188	
ESPAGNE	41	41	41	40	40	40	41	41	47	52	
SUÈDE	8	9	9	9	9	9	10	10	10		
SUISSE	153	150	127	103	124	159	149	154	187		
TURQUIE											
YOUGOSLAVIE	106	102	79	95	85	85	79	86	104		

PRODUCTION (Milliers de tonnes métriques)

	1966	1967	1968	1969	1970	1971	1972	1973	1974	1975	1976
O.C.D.E. - TOTAL (non compris la Yougoslavie)	87174	94136	103061	101360	100661	109985	110655	113170	103169*		
O.C.D.E. AMÉRIQUE DU NORD	19513	18396	24006	26140	24762	25685	26744	23127	20822		
CANADA	1058	981	996	978	832	1103	971	902	752		
ÉTATS-UNIS	18454	17416	23009	25162	23930	24582	25774	22225	20070	26553	
JAPON	1630	1984	2110	2083	2332	2197	2760	2951	2100*		
OCÉANIE	-	-	-	-	-	-	-	-	-		
AUSTRALIE NOUVELLE ZÉLANDE	-	-	-	-	-	-	-	-	-		
O.C.D.E. - EUROPE (non compris la Yougoslavie)	66023	73756	76945	73136	73568	82103	81151	87092	80247*		
COMMUNAUTÉ ÉCONOMIQUE EUROPÉENNE - TOTAL	52308	58641	62242	59544	58238	64123	63883	69934	63349		
BELGIQUE	2586	3615	4108	4220	3871	4876	4322	5139	4468	4898	
LUXEMBOURG	-	-	-	-	-	-	-	-	-		
DANEMARK	2159	2140	2148	1960	1892	1999	2166	2521	2691		
FRANCE	12889	12769	17557	17900	17522	19951	19276	22688	21557	23916	
ALLEMAGNE	12468	13697	13633	12941	13329	14409	14656	15858	16499	18203	
IRLANDE	704	956	1093	917	983	1218	1113	1321	926	1304*	
ITALIE	11259	13507	11457	10571	9518	8776	11177	9388	7711	10080	
PAYS-BAS	3645	5074	5128	5002	4711	5024	4957	5592	4911	5927	
ROYAUME-UNI	6599	6884	7118	6034	6412	7869	6216	7427	4588	5309	
AUTRES PAYS EUROPÉENS DE L'O.C.D.E. (non compris la Yougoslavie)	13715	15115	14704	13592	15330	17980	17268	17158	16898*		
AUTRICHE	2308	2063	1936	2005	1947	1590	2148	2220	2386		
FINLANDE	457	432	386	337	431	464	662	607	629	630	
GRÈCE	727	862	688	1050	1344	1380	1171	1412	1528*		
ISLANDE	-	-	-	-	-	-	-	-	-		
NORVÈGE	-	-	-	-	-	-	-	-	-		
PORTUGAL	4000	4282	4543	4980	5415	6412	5212	5502	3989		
ESPAGNE	1434	1798	1982	1471	1561	1706	1783	1782	2140	2111	
SUÈDE	366	423	453	392	379	472	396	540	518		
SUISSE	4422	5254	4716	3357	4254	5956	5896	5095	5707		
TURQUIE											
YOUGOSLAVIE	4030	3680	2910	3636	2948	2961	3294	3338	4350		

SOYBEANS - FÈVES DE SOJA

	1955	1956	1957	1958	1959	1960	1961	1962	1963	1964	1965
AREA (Thousand hectares)											
O.E.C.D. - TOTAL (excluding Yugoslavia)	8012	8832	8915	10170	9607	9978	11306	11533	11911	12778	14238
O.E.C.D. NORTH AMERICA	7622	8443	8545	9816	9261	9665	11014	11262	11672	12555	14048
CANADA	87	98	104	106	102	92	86	89	92	93	107
UNITED STATES	7535	8345	8441	9710	9159	9573	10928	11173	11580	12462	13941
JAPAN	385	383	364	347	339	307	287	266	233	217	184
OCEANIA	·	·	·	·	·	·	·	·	·	·	·
AUSTRALIA	·	·	·	·	·	·	·	·	·	·	·
NEW ZEALAND	·	·	·	·	·	·	·	·	·	·	·
O.E.C.D. - EUROPE (excluding Yugoslavia)	5	6	6	7	7	6	5	5	6	6	6
EUROPEAN ECONOMIC COMMUNITY - TOTAL	·	·	·	·	·	·	·	·	·	·	·
BELGIUM	·	·	·	·	·	·	·	·	·	·	·
LUXEMBOURG	·	·	·	·	·	·	·	·	·	·	·
DENMARK	·	·	·	·	·	·	·	·	·	·	·
FRANCE	·	·	·	·	·	·	·	·	·	·	·
GERMANY	·	·	·	·	·	·	·	·	·	·	·
IRELAND	·	·	·	·	·	·	·	·	·	·	·
ITALY	·	·	·	·	·	·	·	·	·	·	·
NETHERLANDS	·	·	·	·	·	·	·	·	·	·	·
UNITED KINGDOM	·	·	·	·	·	·	·	·	·	·	·
OTHER O.E.C.D. EUROPE (excluding Yugoslavia)	5	6	6	7	7	6	5	5	6	6	6
AUSTRIA	·	·	·	·	·	·	·	·	·	·	·
FINLAND	·	·	·	·	·	·	·	·	·	·	·
GREECE	·	·	·	·	·	·	·	·	·	·	·
ICELAND	·	·	·	·	·	·	·	·	·	·	·
NORWAY	·	·	·	·	·	·	·	·	·	·	·
PORTUGAL	·	·	·	·	·	·	·	·	·	·	·
SPAIN	·	·	·	·	·	·	·	·	·	·	·
SWEDEN	·	·	·	·	·	·	·	·	·	·	·
SWITZERLAND	·	·	·	·	·	·	·	·	·	·	·
TURKEY	5	6	6	7	7	6	5	5	6	6	6
YUGOSLAVIA	3	3	6	8	10	21	13	8	5	6	8
PRODUCTION (Thousand metric tons)											
O.E.C.D. - TOTAL (excluding Yugoslavia)	10835	12832	13796	16372	15120	15667	19039	18732	19488	19511	23467
O.E.C.D. NORTH AMERICA	10324	12370	13334	15973	14689	15243	18647	18392	19164	19266	23232
CANADA	154	144	177	181	186	136	181	180	136	190	219
UNITED STATES	10170	12226	13156	15792	14503	15107	18467	18212	19028	19076	23013
JAPAN	507	456	459	391	426	418	387	336	318	240	230
OCEANIA	·	·	·	·	·	·	·	·	·	·	·
AUSTRALIA	·	·	·	·	·	·	·	·	·	·	·
NEW ZEALAND	·	·	·	·	·	·	·	·	·	·	·
O.E.C.D. - EUROPE (excluding Yugoslavia)	4	6	4	8	6	7	5	4	6	5	5
EUROPEAN ECONOMIC COMMUNITY - TOTAL	·	·	1	1	1	1	·	·	·	·	·
BELGIUM	·	·	·	·	·	·	·	·	·	·	·
LUXEMBOURG	·	·	·	·	·	·	·	·	·	·	·
DENMARK	·	·	·	·	·	·	·	·	·	·	·
FRANCE	·	·	·	·	·	·	·	·	·	·	·
GERMANY	·	·	·	·	·	·	·	·	·	·	·
IRELAND	·	·	1	1	1	1	·	·	·	·	·
ITALY	·	·	·	·	·	·	·	·	·	·	·
NETHERLANDS	·	·	·	·	·	·	·	·	·	·	·
UNITED KINGDOM	·	·	·	·	·	·	·	·	·	·	·
OTHER O.E.C.D. EUROPE (excluding Yugoslavia)	4	5	4	8	5	6	5	4	6	5	5
AUSTRIA	·	·	·	·	·	·	·	·	·	·	·
FINLAND	·	·	·	·	·	·	·	·	·	·	·
GREECE	·	·	·	·	·	·	·	·	·	·	·
ICELAND	·	·	·	·	·	·	·	·	·	·	·
NORWAY	·	·	·	·	·	·	·	·	·	·	·
PORTUGAL	·	·	·	·	·	·	·	·	·	·	·
SPAIN	·	·	·	·	·	·	·	·	·	·	·
SWEDEN	·	·	·	·	·	·	·	·	·	·	·
SWITZERLAND	·	·	·	·	·	·	·	·	·	·	·
TURKEY	4	5	4	8	5	6	5	4	6	5	5
YUGOSLAVIA	3	3	8	7	17	26	10	8	7	10	10

SOYBEANS - FÈVES DE SOJA

SUPERFICIE (Milliers d'hectares)

	1966	1967	1968	1969	1970	1971	1972	1973	1974	1975	1976
O.C.D.E. - TOTAL (non compris la Yougoslavie)	15078	16374	17001	16974	17348	17547	18773	22899	21534*		
O.C.D.E. AMÉRIQUE DU NORD	14903	16226	16870	16859	17234	17430	18658	22770	21373		
CANADA	113	117	119	130	136	149	164	190	180		
ÉTATS-UNIS	14790	16109	16751	16729	17098	17281	18494	22580	21193	21694	
JAPON	169	141	122	103	96	101	89	88	88*		
OCÉANIE	-	1	1	2	5	7	18	28	41	52	
AUSTRALIE	-	1	1	2	5	7	18	28	41	52	
NOUVELLE ZÉLANDE	-	-	-	-	-	-	-	-	-	-	
O.C.D.E. - EUROPE (non compris la Yougoslavie)	6	6	8	10	13	9	8	13	32		
COMMUNAUTE ECONOMIQUE EUROPÉENNE - TOTAL									3	2	
BELGIQUE									-	-	
LUXEMBOURG									-	-	
DANEMARK									-	-	
FRANCE									3	2	
ALLEMAGNE									-	-	
IRLANDE									-	-	
ITALIE									-	-	
PAYS-BAS									-	-	
ROYAUME-UNI									-	-	
AUTRES PAYS EUROPÉENS DE L'O.C.D.E. (non compris la Yougoslavie)	6	6	8	10	13	9	8	13	29		
AUTRICHE									-		
FINLANDE									-		
GRÈCE									-		
ISLANDE									-		
NORVÈGE									-	-	
PORTUGAL									-	-	
ESPAGNE				2	2	2	2	8	25	20	
SUÈDE									-	-	
SUISSE									-		
TURQUIE	6	6	8	8	11	7	6	5	4		
YOUGOSLAVIE	6	7	5	4	4	5	4	9	9		

PRODUCTION (Milliers de tonnes métriques)

	1966	1967	1968	1969	1970	1971	1972	1973	1974	1975	1976
O.C.D.E. - TOTAL (non compris la Yougoslavie)	25718	26991	30549	31197	31103	32429	35131	42680	33613*		
O.C.D.E. AMÉRIQUE DU NORD	25514	26794	30372	31047	30957	32284	34955	42504	33362		
CANADA	245	220	246	209	283	280	375	397	301		
ÉTATS-UNIS	25269	26574	30126	30838	30674	32005	34580	42107	33061	41405	
JAPON	199	190	168	136	126	122	127	118	135*		
OCÉANIE	-	1	1	2	5	9	34	38	63	69	
AUSTRALIE	-	1	1	2	5	9	34	38	63	69	
NOUVELLE ZÉLANDE	-	-	-	-	-	-	-	-	-	-	
O.C.D.E. - EUROPE (non compris la Yougoslavie)	5	6	9	13	15	13	16	20	54		
COMMUNAUTE ECONOMIQUE EUROPÉENNE - TOTAL									7		
BELGIQUE									-	-	
LUXEMBOURG									-	-	
DANEMARK									-	-	
FRANCE									6	4	
ALLEMAGNE									-	-	
IRLANDE									-	-	
ITALIE									1	-	
PAYS-BAS									-	-	
ROYAUME-UNI									-	-	
AUTRES PAYS EUROPÉENS DE L'O.C.D.E. (non compris la Yougoslavie)	5	6	9	13	15	13	16	20	47		
AUTRICHE									-		
FINLANDE									-		
GRÈCE									-		
ISLANDE									-		
NORVÈGE									-		
PORTUGAL									-		
ESPAGNE				2	3	2	3	13	39		
SUÈDE									-		
SUISSE									-		
TURQUIE	5	6	9	11	12	11	13	7	9		
YOUGOSLAVIE	11	9	3	6	5	4	7	13	14		

GROUNDNUTS - ARACHIDES

AREA (Thousand hectares)

	1955	1956	1957	1958	1959	1960	1961	1962	1963	1964	1965
O.E.C.D. - TOTAL (excluding Yugoslavia)	738	628	671	694	670	657	672	670	664	666	689
O.E.C.D. NORTH AMERICA	675	560	599	614	581	565	566	567	565	565	582
CANADA	-	-	-	-	-	-	-	-	-	-	-
UNITED STATES	675	560	599	614	581	565	566	567	565	565	582
JAPAN	26	32	40	44	43	55	66	64	61	63	67
OCEANIA	16	13	10	14	24	17	17	14	15	18	19
AUSTRALIA	16	13	10	14	24	17	17	14	15	18	19
NEW ZEALAND	-	-	-	-	-	-	-	-	-	-	-
O.E.C.D. - EUROPE (excluding Yugoslavia)	21	23	22	22	22	20	23	25	23	20	21
EUROPEAN ECONOMIC COMMUNITY - TOTAL	5	5	5	5	5	5	6	6	5	4	3
BELGIUM	-	-	-	-	-	-	-	-	-	-	-
LUXEMBOURG											
DENMARK	-	-	-	-	-	-	-	-	-	-	-
FRANCE	-	-	-	-	-	-	-	-	-	-	-
GERMANY	-	-	-	-	-	-	-	-	-	-	-
IRELAND	-	-	-	-	-	-	-	-	-	-	-
ITALY	5	5	5	5	5	5	6	6	5	4	3
NETHERLANDS	-	-	-	-	-	-	-	-	-	-	-
UNITED KINGDOM	-	-	-	-	-	-	-	-	-	-	-
OTHER O.E.C.D. EUROPE (excluding Yugoslavia)	16	18	17	17	17	15	17	19	18	16	18
AUSTRIA	-	-	-	-	-	-	-	-	-	-	-
FINLAND											
GREECE	2	2	2	2	2	2	3	3	3	3	3
ICELAND											
NORWAY	-	-	-	-	-	-	-	-	-	-	-
PORTUGAL	-	-	-	-	-	-	-	-	-	-	-
SPAIN	8	9	7	6	6	5	5	6	5	4	4
SWEDEN	-	-	-	-	-	-	-	-	-	-	-
SWITZERLAND	-	-	-	-	-	-	-	-	-	-	-
TURKEY	6	7	8	9	9	8	9	10	10	9	11
YUGOSLAVIA	1	1	1	1	1	1	-	1	1	1	1

PRODUCTION (Thousand metric tons)

	1955	1956	1957	1958	1959	1960	1961	1962	1963	1964	1965
O.E.C.D. - TOTAL (excluding Yugoslavia)	808	830	772	975	867	966	961	988	1090	1153	1283
O.E.C.D. NORTH AMERICA	702	729	651	823	691	779	752	780	881	952	1084
CANADA	-	-	-	-	-	-	-	-	-	-	-
UNITED STATES	702	729	651	823	691	779	752	780	881	952	1084
JAPAN	47	50	72	83	94	126	142	143	144	131	137
OCEANIA	15	9	9	19	32	19	23	15	16	23	11
AUSTRALIA	15	9	9	19	32	19	23	15	16	23	11
NEW ZEALAND	-	-	-	-	-	-	-	-	-	-	-
O.E.C.D. - EUROPE (excluding Yugoslavia)	45	42	40	50	50	41	44	51	49	47	52
EUROPEAN ECONOMIC COMMUNITY - TOTAL	10	10	10	11	12	13	13	12	12	11	7
BELGIUM	-	-	-	-	-	-	-	-	-	-	-
LUXEMBOURG											
DENMARK	-	-	-	-	-	-	-	-	-	-	-
FRANCE	-	-	-	-	-	-	-	-	-	-	-
GERMANY	-	-	-	-	-	-	-	-	-	-	-
IRELAND	-	-	-	-	-	-	-	-	-	-	-
ITALY	10	10	10	11	12	13	13	12	12	11	7
NETHERLANDS	-	-	-	-	-	-	-	-	-	-	-
UNITED KINGDOM	-	-	-	-	-	-	-	-	-	-	-
OTHER O.E.C.D. EUROPE (excluding Yugoslavia)	34	32	30	39	38	29	31	39	38	36	45
AUSTRIA	-	-	-	-	-	-	-	-	-	-	-
FINLAND											
GREECE	5	4	4	5	5	5	5	4	6	6	8
ICELAND											
NORWAY	-	-	-	-	-	-	-	-	-	-	-
PORTUGAL	-	-	-	-	-	-	-	-	-	-	-
SPAIN	13	11	6	8	9	8	8	10	9	7	7
SWEDEN	-	-	-	-	-	-	-	-	-	-	-
SWITZERLAND	-	-	-	-	-	-	-	-	-	-	-
TURKEY	16	17	20	25	24	16	18	25	23	23	30
YUGOSLAVIA	1	1	1	1	1	1	1*	2	1	1	1

GROUNDNUTS - ARACHIDES

SUPERFICIE (Milliers d'hectares)

1966	1967	1968	1969	1970	1971	1972	1973	1974	1975	1976	
685	680	688	705	710	712	715	709*	693			O.C.D.E. - TOTAL (non compris la Yougoslavie)
575	568	582	589	594	589	602	605	596			O.C.D.E. AMÉRIQUE DU NORD
.	.	.	.	.	.	.	.	.			CANADA
575	568	582	589	594	589	602	605	596	607		ÉTATS-UNIS
65	62	59	60	60	57	52	48	46			JAPON
23	28	25	32	34	39	34	29	26	27		OCÉANIE
23	28	25	32	34	39	34	29	26	27		AUSTRALIE
.	.	.	.	.	.	.	.	.	.		NOUVELLE ZÉLANDE
22	22	22	24	22	27	27	27*	25			O.C.D.E. - EUROPE (non compris la Yougoslavie)
3	3	2	2	1	1	1	1	1			COMMUNAUTÉ ÉCONOMIQUE EUROPÉENNE - TOTAL
.	.	.	.	.	.	.	.	.	.		BELGIQUE
											LUXEMBOURG
.	.	.	.	.	.	.	.	.	.		DANEMARK
.	.	.	.	.	.	.	.	.	.		FRANCE
.	.	.	.	.	.	.	.	.	.		ALLEMAGNE
.	.	.	.	.	.	.	.	.	.		IRLANDE
3	3	2	2	1	1	1	1	1	.		ITALIE
.	.	.	.	.	.	.	.	.	.		PAYS-BAS
.	.	.	.	.	.	.	.	.	.		ROYAUME-UNI
19	19	20	22	21	26	26	26*	24			AUTRES PAYS EUROPÉENS DE L'O.C.D.E. (non compris la Yougoslavie)
.	.	.	.	.	.	.	.	.	.		AUTRICHE
.	.	.	.	.	.	.	.	.	.		FINLANDE
3	4	4	4	4	5	4	3*	3	.		GRÈCE
.	.	.	.	.	.	.	.	.	.		ISLANDE
.	.	.	.	.	.	.	.	.	.		NORVÈGE
.	.	.	.	.	.	.	.	.	.		PORTUGAL
4	3	3	3	2	3	3	4	3	.		ESPAGNE
.	.	.	.	.	.	.	.	.	.		SUÈDE
.	.	.	.	.	.	.	.	.	.		SUISSE
12	12	13	15	15	18	19	19	18			TURQUIE
1	1	1	1	1	1	1	1	.			YOUGOSLAVIE

PRODUCTION (Milliers de tonnes métriques)

1966	1967	1968	1969	1970	1971	1972	1973	1974	1975	1976	
1310	1350	1358	1346	1572	1567	1703	1775*	1855*			O.C.D.E. - TOTAL (non compris la Yougoslavie)
1096	1124	1155	1150	1351	1363	1485	1576	1664			O.C.D.E. AMÉRIQUE DU NORD
.	.	.	.	.	.	.	.	.			CANADA
1096	1124	1155	1150	1351	1363	1485	1576	1664	1754		ÉTATS-UNIS
130	136	122	126	124	111	115	97	101*			JAPON
28	42	31	17	43	31	46	39	29	32		OCÉANIE
28	42	31	17	43	31	46	39	29	32		AUSTRALIE
.	.	.	.	.	.	.	.	.	.		NOUVELLE ZÉLANDE
47	48	50	53	54	62	57	63*	61*			O.C.D.E. - EUROPE (non compris la Yougoslavie)
7	6	5	4	3	2	2	2	2			COMMUNAUTÉ ÉCONOMIQUE EUROPÉENNE - TOTAL
.	.	.	.	.	.	.	.	.			BELGIQUE
											LUXEMBOURG
.	.	.	.	.	.	.	.	.			DANEMARK
.	.	.	.	.	.	.	.	.			FRANCE
.	.	.	.	.	.	.	.	.			ALLEMAGNE
.	.	.	.	.	.	.	.	.			IRLANDE
7	6	5	4	3	2	2	2	2			ITALIE
.	.	.	.	.	.	.	.	.			PAYS-BAS
.	.	.	.	.	.	.	.	.			ROYAUME-UNI
40	42	45	50	51	60	55	61*	59*			AUTRES PAYS EUROPÉENS DE L'O.C.D.E. (non compris la Yougoslavie)
.	.	.	.	.	.	.	.	.			AUTRICHE
.	.	.	.	.	.	.	.	.			FINLANDE
7	8	8	7	9	10	8	9*	8*			GRÈCE
.	.	.	.	.	.	.	.	.			ISLANDE
.	.	.	.	.	.	.	.	.			NORVÈGE
.	.	.	.	.	.	.	.	.			PORTUGAL
6	5	5	5	5	5	5	8	7	.		ESPAGNE
.	.	.	.	.	.	.	.	.			SUÈDE
.	.	.	.	.	.	.	.	.			SUISSE
27	29	33	38	37	45	42	44	44			TURQUIE
1	2	1	1	1	1	1	1	.			YOUGOSLAVIE

RAPESEED - GRAINES DE COLZA

	1955	1956	1957	1958	1959	1960	1961	1962	1963	1964	1965
AREA (Thousand hectares)											
O.E.C.D. - TOTAL (excluding Yugoslavia)	486	533	770	781	515	655	685*	583*	567*	763*	1050*
O.E.C.D. NORTH AMERICA	56	143	253	254	87	309	287	150	193	320	581
CANADA	55	142	250	253	86	309	287	150	193	320	581
UNITED STATES	1	1	3	1	1	-	-	-	-	-	-
JAPAN	208	252	259	225	198	191	195	173	141	120	85
OCEANIA	-	-	-	-	-	-	-	-	-	-	-
AUSTRALIA	-	-	-	-	-	-	-	-	-	-	-
NEW ZEALAND	-	-	-	-	-	-	-	-	-	-	-
O.E.C.D. - EUROPE (excluding Yugoslavia)	222	138	258	302	240	155	203*	260*	233*	323*	384*
EUROPEAN ECONOMIC COMMUNITY - TOTAL	102	94	152	199	129	105	128*	174*	152*	209*	263*
BELGIUM	1	1	1	1	-	-	-	-	-	-	-
LUXEMBOURG	-	-	-	-	-	-	-	-	-	-	-
DENMARK	3	2	1	4	5	8	11	25	16	25	27
FRANCE	73	58	107	150	89	56	70	90	80	124	173
GERMANY	11	16	29	31	25	31	35	47	44	49	51
IRELAND	-	-	-	-	-	-	-	-	-	-	-
ITALY	7	7	8	8	7	7	6	6	6	5	6
NETHERLANDS	7	10	6	5	3	3	4	4	4	4	4
UNITED KINGDOM	-	-	-	-	-	-	2*	2*	2*	2*	2*
OTHER O.E.C.D. EUROPE (excluding Yugoslavia)	120	44	106	103	111	50	75	86	81	114*	121
AUSTRIA	6	6	6	6	4	4	4	4	4	6	6
FINLAND	16	11	7	9	19	3	6	6	7	9	5
GREECE	-	-	-	-	-	-	-	-	-	-	-
ICELAND	-	-	-	-	-	-	-	-	-	-	-
NORWAY	-	-	-	-	-	-	-	-	-	3*	5
PORTUGAL	-	-	-	-	-	-	-	-	-	-	-
SPAIN	-	-	-	-	-	-	-	-	-	-	-
SWEDEN	93	20	88	81	80	35	53	63	57	82	90
SWITZERLAND	6	6	4	5	5	4	6	6	6	6	7
TURKEY	3	4	1	2	3	4	6	7	7	8	8
YUGOSLAVIA	11	8	4	9	7	7	8	2	3	3	3
PRODUCTION (Thousand metric tons)											
O.E.C.D. - TOTAL (excluding Yugoslavia)	..	..	..	..	..	..	900*	906*	711*	1085*	1413*
O.E.C.D. NORTH AMERICA	47	148	212	186	99	252*	255*	133*	190*	300*	513*
CANADA	35	136	196	176	81	252	255	133	190	300	513
UNITED STATES	12	12	15	10	18	-*	-*	-*	-*	-*	-*
JAPAN	270	320	286	267	242	264	274	247	109	135	126
OCEANIA	-	-	-	-	-	-	-	-	-	-	-
AUSTRALIA	-	-	-	-	-	-	-	-	-	-	-
NEW ZEALAND	-	-	-	-	-	-	-	-	-	-	-
O.E.C.D. - EUROPE (excluding Yugoslavia)	..	..	..	..	..	..	372*	526*	412*	650*	775*
EUROPEAN ECONOMIC COMMUNITY - TOTAL	..	..	..	..	..	..	227*	348*	276*	427*	515*
BELGIUM	1	1	2	1	-	-	-	-	-	-	-
LUXEMBOURG	-	-	-	-	-	-	-	-	-	-	-
DENMARK	3	2	2	8	11	13	27	52	26	52	50
FRANCE	107	81	159	196	131	83	107	160	135	247	338
GERMANY	19	36	64	56	56	68	72	114	94	107	104
IRELAND	-	-	-	-	-	-	-	-	-	-	-
ITALY	10	6	10	11	10	10	9	10	8	8	9
NETHERLANDS	19	26	16	9	8	8	10	10	10	10	11
UNITED KINGDOM	..	..	..	..	..	..	2*	2*	3*	3*	3*
OTHER O.E.C.D. EUROPE (excluding Yugoslavia)	165	52	214	164	223	84	145	178	136	223	260
AUSTRIA	8	8	7	8	5	5	8	8	7	10	11
FINLAND	18	10	5	12	25	4	6	-	-	9	7
GREECE	-	-	-	-	-	-	-	-	-	-	-
ICELAND	-	-	-	-	-	-	-	-	-	-	-
NORWAY	-	-	-	-	-	-	-	-	2	4	5
PORTUGAL	-	-	-	-	-	-	-	-	-	-	-
SPAIN	-	-	-	-	-	-	-	-	-	-	-
SWEDEN	132	26	195	132	181	61	116	146	103	191	216
SWITZERLAND	6	6	5	10	10	10	9	13	12	13	14
TURKEY	2	2	1	2	3	4	5	4	5	7	8
YUGOSLAVIA	8	5	3	7	7	7	9	2	2	4	3

RAPESEED - GRAINES DE COLZA

SUPERFICIE (Milliers d'hectares)

1966	1967	1968	1969	1970	1971	1972	1973	1974	1975	1976	
1023*	1139*	960	1378	2274	2854	2070	2012	2058*			O.C.D.E. - TOTAL (non compris la Yougoslavie)
617	656	426	814	1639	2147	1323	1275	1319			O.C.D.E. AMÉRIQUE DU NORD
617	656	426	814	1639	2147	1323	1275	1319		·	CANADA
·	·	·	·	·	·	·	·	·			ÉTATS-UNIS
67	54	40	30	19	14	10	8	5			JAPON
·	·	1	5	43	87	77	17	9			OCÉANIE
·	·	1	5	43	87	77	17	9		·	AUSTRALIE
·	·	·	·	·	·	·	·	·			NOUVELLE ZÉLANDE
339*	429*	493	529	573	606	660	712	725*			O.C.D.E. - EUROPE (non compris la Yougoslavie)
261*	299*	348	392	451	463	486	515	538*			COMMUNAUTÉ ECONOMIQUE EUROPÉENNE - TOTAL
·	·	1	1	1	1	1	1	1*		·	BELGIQUE
·	·	·	·	·	·	·	·	·			LUXEMBOURG
21	20	15	12	13	25	31	46	48			DANEMARK
179	215	253	291	338	324	323	326	339	285		FRANCE
46	48	63	74	85	95	106	108	110	90		ALLEMAGNE
·	·	·	·	·	·	·	·	·			IRLANDE
6	3	3	3	3	3	3	5	1	1		ITALIE
5	5	7	6	7	10	15	15	14	14		PAYS-BAS
4*	8*	6	5	4	5	7	14	25	40		ROYAUME-UNI
78	130	145	137	122	143	174	197	187			AUTRES PAYS EUROPÉENS DE L'O.C.D.E. (non compris la Yougoslavie)
6	7	6	4	4	4	3	2	2			AUTRICHE
3	5	5	6	7	6	4	10	13	17		FINLANDE
·	·	·	·	·	·	·	·	·			GRÈCE
·	·	·	·	·	·	·	·	·		·	ISLANDE
6	9	11	8	4	2	2	4	4	5		NORVÈGE
·	·	·	·	1	·	·	·				PORTUGAL
50	94	108	105	94	118	153	171	157	173		ESPAGNE
7	8	8	7	9	10	10	9	10			SUÈDE
6	7	7	7	3	3	2	1	1			SUISSE
											TURQUIE
3	4	5	6	6	9	9	5	5			YOUGOSLAVIE

PRODUCTION (Milliers de tonnes métriques)

1966	1967	1968	1969	1970	1971	1972	1973	1974	1975	1976	
1286*	1580*	1520*	1784*	2776*	3507*	2797*	2669*	2810*			O.C.D.E. - TOTAL (non compris la Yougoslavie)
585*	560*	440*	758*	1639*	2157*	1301*	1208*	1201*			O.C.D.E. AMÉRIQUE DU NORD
585	560	440	758	1639	2157	1301	1208	1201			CANADA
-*	-*	-*	-*	-*	-*	-*	-*	-*	-*		ÉTATS-UNIS
95	79	68	48	30	23	16	13	9			JAPON
·	·	·	5	34	55	29	11	7	14		OCÉANIE
·	·	·	5	34	55	29	11	7	14		AUSTRALIE
·	·	·	·	·	·	·	·	·	·		NOUVELLE ZÉLANDE
606*	940*	1011*	973*	1073*	1273*	1451*	1438	1593			O.C.D.E. - EUROPE (non compris la Yougoslavie)
475*	631*	688*	717*	836*	974*	1081*	1051	1187			COMMUNAUTÉ ECONOMIQUE EUROPÉENNE - TOTAL
·	1	2	1	1	1	3	2	1	1		BELGIQUE
·	·	·	·	·	·	·	·	·			LUXEMBOURG
33	39	30	21	22	46	50	92	112			DANEMARK
316	433	453	509	592	650	713	653	669	531		FRANCE
97	123	168	158	185	228	249	222	301	199		ALLEMAGNE
·	·	·	·	·	·	·	·	·			IRLANDE
10	5	5	4	6	6	6	11	3	3		ITALIE
13	15	18	12	22	33	45	41	45	37		PAYS-BAS
6*	15*	13*	11*	8*	10*	14*	31	56	61		ROYAUME-UNI
131	309	324	256	237	299	370	387	406			AUTRES PAYS EUROPÉENS DE L'O.C.D.E. (non compris la Yougoslavie)
13	15	11	8	8	7	7	5	4			AUTRICHE
3	9	6	8	10	9	9	16	17	26		FINLANDE
·	·	·	·	·	·	·	·	·			GRÈCE
·	·	·	·	·	·	·	·	·			ISLANDE
2	14	19	9	5	2	2	7	7			NORVÈGE
·	·	·	·	1	·	·	·				PORTUGAL
95	246	262	208	191	254	328	339	349	332		ESPAGNE
11	18	19	14	19	24	24	20	28			SUÈDE
7	8	7	8	3	3	1	1	1			SUISSE
											TURQUIE
3	5	7	9	10	19	14	8	12			YOUGOSLAVIE

SUNFLOWER SEED - GRAINES DE TOURNESOL

AREA (Thousand hectares)

	1955	1956	1957	1958	1959	1960	1961	1962	1963	1964	1965
O.E.C.D. - TOTAL (excluding Yugoslavia)	173	198	182	171	180	170	157	121	184	249	240
O.E.C.D. NORTH AMERICA	8	13	12	20	20	14	14	9	40	48	47
CANADA	8	13	12	20	20	14	14	9	17	32	28
UNITED STATES	-	-	-	-	-	-	-	-	23	16	19
JAPAN	-	-	-	-	-	-	-	-	-	-	-
OCEANIA	1	3	4	2	3	4	3	2	4	4	4
AUSTRALIA	1	3	4	2	3	4	3	2	4	4	4
NEW ZEALAND	-	-	-	-	-	-	-	-	-	-	-
O.E.C.D. - EUROPE (excluding Yugoslavia)	164	182	166	149	157	152	140	110	140	197	189
EUROPEAN ECONOMIC COMMUNITY - TOTAL	5	8	6	6	5	8	10	19	36	18	13
BELGIUM	-	-	-	-	-	-	-	-	-	-	-
LUXEMBOURG	-	-	-	-	-	-	-	-	-	-	-
DENMARK	-	-	-	-	-	-	-	-	-	-	-
FRANCE	2	4	2	2	2	4	7	16	33	16	12
GERMANY	-	-	-	-	-	-	-	-	-	-	-
IRELAND	-	-	-	-	-	-	-	-	-	-	-
ITALY	3	4	4	4	3	4	3	3	3	2	1
NETHERLANDS	-	-	-	-	-	-	-	-	-	-	-
UNITED KINGDOM	-	-	-	-	-	-	-	-	-	-	-
OTHER O.E.C.D. EUROPE (excluding Yugoslavia)	159	174	160	143	152	144	130	91	104	179	176
AUSTRIA	-	-	-	-	-	-	1	1	2	2	2
FINLAND	-	-	-	-	-	-	-	-	-	-	-
GREECE	3	3	3	3	4	3	7	5	4	4	3
ICELAND	-	-	-	-	-	-	-	-	-	-	-
NORWAY	-	-	-	-	-	-	-	-	-	-	-
PORTUGAL	-	-	-	-	-	-	-	-	-	-	-
SPAIN	2	3	3	2	3	4	4	4	4	13	11
SWEDEN	-	-	-	-	-	-	-	-	-	-	-
SWITZERLAND	-	-	-	-	-	-	-	-	-	-	-
TURKEY	154	168	154	138	145	137	118	81	94	160	160
YUGOSLAVIA	104	73	82	74	86	74	86	97	140	146	159

PRODUCTION (Thousand metric tons)

	1955	1956	1957	1958	1959	1960	1961	1962	1963	1964	1965
O.E.C.D. - TOTAL (excluding Yugoslavia)	159	131	116	121	157	157	137	106	192	237	226
O.E.C.D. NORTH AMERICA	7	9	5	10	15	13	11	8	45	26	30
CANADA	7	9	5	10	15	13	11	8	18	14	13
UNITED STATES	-	-	-	-	-	-	-	-	27	12	17
JAPAN	-	-	-	-	-	-	-	-	-	-	-
OCEANIA	1	2	3	2	2	3	2	1	3	2	2
AUSTRALIA	1	2	3	2	2	3	2	1	3	2	2
NEW ZEALAND	-	-	-	-	-	-	-	-	-	-	-
O.E.C.D. - EUROPE (excluding Yugoslavia)	151	120	108	109	140	140	124	97	144	208	194
EUROPEAN ECONOMIC COMMUNITY - TOTAL	8	13	9	9	8	12	18	30	49	26	20
BELGIUM	-	-	-	-	-	-	-	-	-	-	-
LUXEMBOURG	-	-	-	-	-	-	-	-	-	-	-
DENMARK	-	-	-	-	-	-	-	-	-	-	-
FRANCE	4	8	4	3	3	6	12	26	44	22	18
GERMANY	-	-	-	-	-	-	-	-	-	-	-
IRELAND	-	-	-	-	-	-	-	-	-	-	-
ITALY	4	5	6	6	4	6	6	5	4	4	2
NETHERLANDS	-	-	-	-	-	-	-	-	-	-	-
UNITED KINGDOM	-	-	-	-	-	-	-	-	-	-	-
OTHER O.E.C.D. EUROPE (excluding Yugoslavia)	143	106	99	101	133	128	106	67	96	183	174
AUSTRIA	-	-	-	-	1	1	1	1	3	3	3
FINLAND	-	-	-	-	-	-	-	-	-	-	-
GREECE	4	3	2	4	3	3	6	4	4	4	2
ICELAND	-	-	-	-	-	-	-	-	-	-	-
NORWAY	-	-	-	-	-	-	-	-	-	-	-
PORTUGAL	-	-	-	-	-	-	-	-	-	-	-
SPAIN	1	1	1	1	2	2	2	2	2	11	9
SWEDEN	-	-	-	-	-	-	-	-	-	-	-
SWITZERLAND	-	-	-	-	-	-	-	-	-	-	-
TURKEY	138	102	95	95	128	123	97	60	87	165	160
YUGOSLAVIA	102	59	93	80	114	98	117	161	231	260	265

SUNFLOWER SEED - GRAINES DE TOURNESOL

SUPERFICIE (Milliers d'hectares)

1966	1967	1968	1969	1970	1971	1972	1973	1974	1975	1976	
329	370	378	485	707	1082	1571	1551*	1364*			O.C.D.E. - TOTAL (non compris la Yougoslavie)
51	106	77	94	115	256	379	356	287			O.C.D.E. AMÉRIQUE DU NORD
21	19	16	19	29	97	88	52	12			CANADA
30	87	61	75	86	159	291	304	275			ÉTATS-UNIS
•	•	•	•	•	•	•	•	•			JAPON
3	4	6	15	32	76	295	242	151	244		OCÉANIE
3	4	6	15	32	76	295	242	151	244		AUSTRALIE
•	•	•	•	•	•	•	•	•	•		NOUVELLE ZÉLANDE
275	260	295	376	560	750	897	953*	926*			O.C.D.E. - EUROPE (non compris la Yougoslavie)
13	13	13	17	32	52	56	55	60			COMMUNAUTE ECONOMIQUE EUROPÉENNE - TOTAL
•	•	•	•	•	•	•	•	•	•		BELGIQUE
•	•	•	•	•	•	•	•	•	•		LUXEMBOURG
•	•	•	•	•	•	•	•	•	•		DANEMARK
12	12	12	15	28	45	47	41	42	72		FRANCE
•	•	•	•	•	•	•	•	•	•		ALLEMAGNE
1	1	1	2	4	7	9	14	18			IRLANDE
•	•	•	•	•	•	•	•	•	•		ITALIE
•	•	•	•	•	•	•	•	•	•		PAYS-BAS
•	•	•	•	•	•	•	•	•	•		ROYAUME-UNI
262	247	282	359	528	698	841	898*	866*			AUTRES PAYS EUROPÉENS DE L'O.C.D.E. (non compris la Yougoslavie)
2	2	2	1	1	1	1					AUTRICHE
3	4	1	1	1	1	1	1*	1*			FINLANDE
•	•	•	•	•	•	•	•	•	•		GRÈCE
•	•	•	•	•	•	•	•	•	•		ISLANDE
•	•	•	•	•	•	•	•	•	•		NORVÈGE
39	26	39	71	166	300	344	416	440	623		PORTUGAL
•	•	•	•	•	•	•	•	•	•		ESPAGNE
•	•	•	•	•	•	•	•	•	•		SUÈDE
218	215	240	286	360	396	495	481	425			SUISSE
											TURQUIE
154	147	161	219	194	183	171	224	201			YOUGOSLAVIE

PRODUCTION (Milliers de tonnes métriques)

1966	1967	1968	1969	1970	1971	1972	1973	1974	1975	1976	
310	400	379	502	718	1105	1406	1461*	1157*			O.C.D.E. - TOTAL (non compris la Yougoslavie)
45	118	82	93	112	262	364	394	263			O.C.D.E. AMÉRIQUE DU NORD
15	16	11	15	25	77	77	41	12			CANADA
30	102	71	78	87	185	287	353	251			ÉTATS-UNIS
•	•	•	•	•	•	•	•	•			JAPON
2	2	3	7	13	59	148	102	84	126		OCÉANIE
2	2	3	7	13	59	148	102	84	126		AUSTRALIE
•	•	•	•	•	•	•	•	•	•		NOUVELLE ZÉLANDE
263	279	294	401	593	784	894	965*	809*			O.C.D.E. - EUROPE (non compris la Yougoslavie)
23	21	28	34	57	94	89	111	103			COMMUNAUTE ECONOMIQUE EUROPÉENNE - TOTAL
•	•	•	•	•	•	•	•	•	•		BELGIQUE
•	•	•	•	•	•	•	•	•	•		LUXEMBOURG
•	•	•	•	•	•	•	•	•	•		DANEMARK
21	19	26	30	49	79	71	85	70	110		FRANCE
•	•	•	•	•	•	•	•	•	•		ALLEMAGNE
2	2	2	4	8	15	19	26	33			IRLANDE
•	•	•	•	•	•	•	•	•	•		ITALIE
•	•	•	•	•	•	•	•	•	•		PAYS-BAS
240	259	266	367	536	690	805	854*	707*			ROYAUME-UNI / AUTRES PAYS EUROPÉENS DE L'O.C.D.E. (non compris la Yougoslavie)
4	4	5	1	1	1	1					AUTRICHE
3	4	1	1	1	1	1	1*	1*			FINLANDE
•	•	•	•	•	•	•	•	•	•		GRÈCE
•	•	•	•	•	•	•	•	•	•		ISLANDE
•	•	•	•	•	•	•	•	•	•		NORVÈGE
33	21	31	55	159	223	243	293	286			PORTUGAL
•	•	•	•	•	•	•	•	•	•		ESPAGNE
•	•	•	•	•	•	•	•	•	•		SUÈDE
200	230	230	310	375	465	560	560	420			SUISSE
											TURQUIE
282	250	309	390	264	347	277	433	298			YOUGOSLAVIE

PRODUCTION (Thousand metric tons) - PRODUCTION (Milliers de tonnes métriques)

LINSEED - GRAINES DE LIN

	1955	1956	1957	1958	1959	1960	1961	1962	1963	1964	1965
O.E.C.D. - TOTAL (excluding Yugoslavia)	1662	2245*	1258	1632	1105	1483	1063	1391	1492	1332	1741
O.E.C.D. NORTH AMERICA	1509	2084	1126	1518	976	1343	927	1227	1325	1136	1640
CANADA	482	889	488	568	437	571	364	408	536	516	741
UNITED STATES	1027	1195	638	950	539	772	563	819	789	620	899
JAPAN	4	3	4	4	4	4	5	4	3	2	2
OCEANIA	17	20*	10	12	34	20	19	34	41	58	12
AUSTRALIA	13	19	9	11	30	14	13	26	30	47	6
NEW ZEALAND	4	1*	1	1	4	6	6	8	11	11	6
O.E.C.D. - EUROPE (excluding Yugoslavia)	132	138	119	98	91	116	112	126	123	136	87
EUROPEAN ECONOMIC COMMUNITY - TOTAL	107	115	93	68	61	89	90	104	102	116	70
BELGIUM	22	21	16	14	12	19	17	21	20	25	16
LUXEMBOURG	-	-	-	-	-	-	-	-	-	-	-
DENMARK	1	1	2	1	1	1	2	1	1	-	-
FRANCE	47	57	45	32	27	41	46	51	53	50	28
GERMANY	-	-	-	-	-	-	-	-	-	-	-
IRELAND	-	-	-	-	-	-	-	-	-	-	-
ITALY	10	9	9	8	6	6	6	5	5	5	4
NETHERLANDS	27	27	20	13	14	23	19	27	23	36	22
UNITED KINGDOM	-	-	-	-	-	-	-	-	-	-	-
OTHER O.E.C.D. EUROPE (excluding Yugoslavia)	26	23	26	30	30	27	22	22	21	20	16
AUSTRIA	-	-	-	-	-	-	-	-	-	-	-
FINLAND	-	-	-	-	-	-	-	-	-	-	-
GREECE	1	1	1	1	-	-	-	-	-	-	-
ICELAND	-	-	-	-	-	-	-	-	-	-	-
NORWAY	-	-	-	-	-	-	-	-	-	-	-
PORTUGAL	-	-	-	-	-	-	-	-	-	-	-
SPAIN	4	5	6	3	2	2	2	1	1	-	1
SWEDEN	2	3	3	2	2	3	2	2	2	3	2
SWITZERLAND	-	-	-	-	-	-	-	-	-	-	-
TURKEY	18	14	16	24	27	22	18	19	18	18	14
YUGOSLAVIA	-	-	1	1	1	1	1	1	-	-	

COTTON SEED - GRAINES DE COTON

	1955	1956	1957	1958	1959	1960	1961	1962	1963	1964	1965
O.E.C.D. - TOTAL (excluding Yugoslavia)	5984	5404	4657	4880	5907	5901	6152	6349	6397	6459	6445
O.E.C.D. NORTH AMERICA	5482	4905	4181	4353	5435	5340	5423	5569	5617	5658	5522
CANADA	-	-	-	-	-	-	-	-	-	-	-
UNITED STATES	5482	4905	4181	4353	5435	5340	5423	5569	5617	5658	5522
JAPAN	-	-	-	-	-	-	-	-	-	-	-
OCEANIA	1	2	1	1	1	3	5	3	5	5	12
AUSTRALIA	1	2	1	1	1	3	5	3	5	5	12
NEW ZEALAND	-	-	-	-	-	-	-	-	-	-	-
O.E.C.D. - EUROPE (excluding Yugoslavia)	501	497	475	527	561	558	724	777	774	795	911
EUROPEAN ECONOMIC COMMUNITY - TOTAL	22	13	14	12	18	9	9	7	9	8	7
BELGIUM	-	-	-	-	-	-	-	-	-	-	-
LUXEMBOURG	-	-	-	-	-	-	-	-	-	-	-
DENMARK	-	-	-	-	-	-	-	-	-	-	-
FRANCE	-	-	-	-	-	-	-	-	-	-	-
GERMANY	-	-	-	-	-	-	-	-	-	-	-
IRELAND	22	13	14	12	18	9	9	7	9	8	7
ITALY	-	-	-	-	-	-	-	-	-	-	-
NETHERLANDS	-	-	-	-	-	-	-	-	-	-	-
UNITED KINGDOM	-	-	-	-	-	-	-	-	-	-	-
OTHER O.E.C.D. EUROPE (excluding Yugoslavia)	479	484	461	515	543	549	715	770	766	787	903
AUSTRIA	-	-	-	-	-	-	-	-	-	-	-
FINLAND	-	-	-	-	-	-	-	-	-	-	-
GREECE	128	102	128	124	113	114	166	159	178	125	228
ICELAND	-	-	-	-	-	-	-	-	-	-	-
NORWAY	-	-	-	-	-	-	-	-	-	-	-
PORTUGAL	-	-	-	-	-	-	-	-	-	-	-
SPAIN	66	88	63	72	114	129	189	202	170	134	148
SWEDEN	-	-	-	-	-	-	-	-	-	-	-
SWITZERLAND	-	-	-	-	-	-	-	-	-	-	-
TURKEY	285	294	270	319	316	306	360	409	418	529	527
YUGOSLAVIA	9	6	10	7	9	7	6	6	9	8	6

LINSEED - GRAINES DE LIN

1966	1967	1968	1969	1970	1971	1972	1973	1974	1975	1976	
1270	837	1264	1706	2050*	1101*	865*	965*	801			O.C.D.E. - TOTAL (non compris la Yougoslavie)
1153	747	1185	1600	1949	1031	801	902	707			O.C.D.E. AMÉRIQUE DU NORD
559	238	500	712	1218	569	448	493	363			CANADA
594	509	685	887	751	462	353	409	344	370		ÉTATS-UNIS
1	·	·	·	·	·	·	·	·			JAPON
19	18	26	46	43*	22*	23*	26*	46	25		OCÉANIE
14	11	20	36	31	10	11	14	32	16		AUSTRALIE
5	7	6	10	12*	12*	12*	12*	14	10		NOUVELLE ZÉLANDE
97	72	53	60	38	48	41	37	48			O.C.D.E. - EUROPE (non compris la Yougoslavie)
85	57	38	47	31	41	34	30	40			COMMUNAUTE ECONOMIQUE EUROPÉENNE - TOTAL
23	9	9	10	5	9	6	5	7	6		BELGIQUE
·	·	·	·	·	·	·	·	·	-		LUXEMBOURG
·	·	·	·	·	·	·	·	·	-		DANEMARK
39	33	17	27	19	21	20	18	23	39		FRANCE
·	·	·	·	·	·	·	·	·	-		ALLEMAGNE
3	3	1	1	1	1	2	1	1			IRLANDE
19	11	10	9	7	10	7	6	9	7		ITALIE
·	·	·	·	·	·	·	·	·			PAYS-BAS
											ROYAUME-UNI
13	15	16	13	7	7	7	7	8			AUTRES PAYS EUROPÉENS DE L'O.C.D.E. (non compris la Yougoslavie)
·	·	·	·	·	·	·	·	·			AUTRICHE
·	·	·	·	·	·	·	·	·	-		FINLANDE
·	·	·	·	·	·	·	·	·			GRÈCE
·	·	·	·	·	·	·	·	·			ISLANDE
·	·	·	·	·	·	·	·	·	-		NORVÈGE
·	·	·	·	·	·	·	·	·			PORTUGAL
1	3	4	1	·	·	1	1	1			ESPAGNE
·	·	·	·	·	·	·	·	·	-		SUÈDE
·	·	·	·	·	·	·	·	·			SUISSE
11	12	12	12	7	7	6	6	8			TURQUIE
·	·	·	·	·	·	·	·	·			YOUGOSLAVIE

COTTON SEED - GRAINES DE COTON

1966	1967	1968	1969	1970	1971	1972	1973	1974	1975	1976	
4646	3982	5324	4831	4799	5153	6343	5890	5622			O.C.D.E. - TOTAL (non compris la Yougoslavie)
3593	2912	4209	3691	3691	3847	4892	4550	4134			O.C.D.E. AMÉRIQUE DU NORD
·	·	·	·	·	·	·	·	·			CANADA
3593	2912	4209	3691	3691	3847	4892	4550	4134	2958		ÉTATS-UNIS
·	·	·	·	·	·	·	·	·			JAPON
19	29	51	52	43	31	73	53	50	54		OCÉANIE
19	29	51	52	43	31	73	53	50	54		AUSTRALIE
·	·	·	·	·	·	·	·	·	-		NOUVELLE ZÉLANDE
1034	1041	1063	1088	1065	1276	1378	1287	1438			O.C.D.E. - EUROPE (non compris la Yougoslavie)
4	4	3	3	2	2	1	1	1			COMMUNAUTE ECONOMIQUE EUROPÉENNE - TOTAL
·	·	·	·	·	·	·	·	·			BELGIQUE
·	·	·	·	·	·	·	·	·			LUXEMBOURG
·	·	·	·	·	·	·	·	·			DANEMARK
·	·	·	·	·	·	·	·	·			FRANCE
·	·	·	·	·	·	·	·	·	-		ALLEMAGNE
4	4	3	3	2	2	1	1	1			ITALIE
·	·	·	·	·	·	·	·	·			PAYS-BAS
·	·	·	·	·	·	·	·	·			ROYAUME-UNI
1030	1037	1060	1086	1064	1274	1377	1286	1437			AUTRES PAYS EUROPÉENS DE L'O.C.D.E. (non compris la Yougoslavie)
·	·	·	·	·	·	·	·	·			AUTRICHE
·	·	·	·	·	·	·	·	·			FINLANDE
260	285	228	338	328	360	395	378	367			GRÈCE
·	·	·	·	·	·	·	·	·			ISLANDE
·	·	·	·	·	·	·	·	·			NORVÈGE
·	·	·	·	·	·	·	·	·	-		PORTUGAL
159	118	136	108	96	79	112	88	114			ESPAGNE
·	·	·	·	·	·	·	·	·	-		SUÈDE
·	·	·	·	·	·	·	·	·			SUISSE
611	634	697	640	640	835	870	821	956			TURQUIE
6	10	9	8	12	10	7	8	7			YOUGOSLAVIE

TOTAL OIL CROPS - ENSEMBLE DES OLÉAGINEUX

	1955	1956	1957	1958	1959	1960	1961	1962	1963	1964	1965

AREA (Thousand hectares)

	1955	1956	1957	1958	1959	1960	1961	1962	1963	1964	1965
O.E.C.D. - TOTAL (excluding Yugoslavia)	—	..	..	..	..	..	..	..	..	..	..	..
O.E.C.D. NORTH AMERICA	11092	12605	12760	13224	11966	12920	13738	13709	14435	15431	17318
CANADA	893	1484	1777	1411	1038	1430	1227	833	983	1245	1653
UNITED STATES	10199	11121	10983	11813	10928	11490	12511	12876	13452	14186	15665
JAPAN	646	693	688	639	590	573	567	518	451	415	347
OCEANIA	43*	57*	58*	36*	74*	69	52	65	77	92	56
AUSTRALIA	40*	56*	57*	35*	71*	64	47	59	69	84	52
NEW ZEALAND	3	1*	1	1*	3	5	5	6	8	8	4
O.E.C.D. - EUROPE (excluding Yugoslavia)	..	..	..	..	..	..	..	..	..	..	..
EUROPEAN ECONOMIC COMMUNITY - TOTAL	310*	301*	322*	349*	258*	272	302*	373*	361*	406*	416*
BELGIUM	36	35	27	25	21	30	27	33	34	39	27
LUXEMBOURG	-	-	-	-	-	-	-	-	-	-	-
DENMARK	15	11	10	13	15	20	26	42	25	30	35
FRANCE	173*	159*	188*	221*	147*	135	160	196	202	232	256
GERMANY	12	18	31	33	27	32	36	48	45	50	53
IRELAND	1	-	-	-	-	-	-	-	-	-	-
ITALY	32	32	32	30	25	26	24	24	22	18	17
NETHERLANDS	41	46	34	27	23	29	27	28	31	35	26
UNITED KINGDOM	-	-	-	-	-	-	2*	2*	2*	2*	2*
OTHER O.E.C.D. EUROPE (excluding Yugoslavia)	..	..	..	..	..	..	..	..	..	..	..
AUSTRIA	6	6	6	6	4	4	5	5	6	8	8
FINLAND	16	11	7	9	19	3	6	6	7	9	5
GREECE	30	37	35	35	39	38	33	26	37	29	18
ICELAND	-	-	-	-	-	-	-	-	-	-	-
NORWAY	-	-	-	-	-	-	-	-	-	-	-
PORTUGAL	-	-	-	-	-	-	-	-	-	3*	5
SPAIN	..	..	..	..	..	..	..	..	..	..	..
SWEDEN	104	31	98	88	86	40	70	83	81	107	100
SWITZERLAND	3	4	4	5	5	4	6	6	6	6	7
TURKEY	275	294	279	274	280	261	250	203	220	269	269
YUGOSLAVIA	186	137	150	150	151	147	156	162	198	206	221

PRODUCTION (Thousand metric tons)

	1955	1956	1957	1958	1959	1960	1961	1962	1963	1964	1965
O.E.C.D. - TOTAL (excluding Yugoslavia)	..	..	..	..	..	..	..	..	..	..	..
O.E.C.D. NORTH AMERICA	18071	20245	19509	22862	21904	22970*	26015*	26109*	27222*	27338*	32021*
CANADA	678	1178	867	935	718	972	810	729	880	1020	1486
UNITED STATES	17393	19067	18642	21928	21186	21998*	25205*	25380*	26342*	26318*	30536*
JAPAN	833	834	825	750	701	817	813	734	579	511	498
OCEANIA	36*	35*	25*	36*	71*	47	50	55	67	94	49
AUSTRALIA	32*	34*	24*	35*	67*	41	44	47	56	83	43
NEW ZEALAND	4	1*	1	1	4	6	6	8	11	11	6
O.E.C.D. - EUROPE (excluding Yugoslavia)	..	..	..	..	..	..	..	..	..	..	..
EUROPEAN ECONOMIC COMMUNITY - TOTAL	..	..	..	..	..	..	393*	532*	469*	603*	639*
BELGIUM	23	22	18	15	12	19	17	22	21	25	17
LUXEMBOURG	-	-	-	-	-	-	-	-	-	-	-
DENMARK	11	8	9	15	21	28	46	69	34	57	58
FRANCE	177	160	218	240	166	141	179	247	244	326	391
GERMANY	21	39	68	58	59	69	74	115	96	109	107
IRELAND	-	-	-	-	-	-	-	-	-	-	-
ITALY	58	45	51	49	53	45	45	40	39	37	31
NETHERLANDS	48	55	42	28	26	33	30	37	33	46	33
UNITED KINGDOM	..	..	..	..	..	..	2*	2*	3*	3*	3*
OTHER O.E.C.D. EUROPE (excluding Yugoslavia)	..	..	..	..	..	..	..	..	..	..	..
AUSTRIA	8	8	8	8	5	6	9	9	10	13	14
FINLAND	18	10	5	12	25	4	6	8	8	9	7
GREECE	151	119	144	143	131	130	183	172	199	143	242
ICELAND	-	-	-	-	-	-	-	-	-	-	-
NORWAY	-	-	-	-	-	-	-	-	2	4	5
PORTUGAL	-	-	-	-	-	-	-	-	-	-	-
SPAIN	..	..	..	..	..	..	..	..	..	..	..
SWEDEN	142	37	206	138	187	67	141	172	132	222	230
SWITZERLAND	6	6	5	10	10	10	9	13	12	13	14
TURKEY	514	480	450	521	549	521	546	562	594	780	778
YUGOSLAVIA	170	108	169	147	197	180	189*	228	296	332	336

TOTAL OIL CROPS - ENSEMBLE DES OLÉAGINEUX

SUPERFICIE (Milliers d'hectares)

1966	1967	1968	1969	1970	1971	1972	1973	1974	1975	1976	
..	20119*	20831*	21817*	23775*	23783*	24358*	28651*	27184*			O.C.D.E. - TOTAL (non compris la Yougoslavie)
17964	18761	19419	20357	22076	21762	21963	26278	24859			O.C.D.E. AMÉRIQUE DU NORD
1527	1198	1178	1910	3145	3108	2110	2104	2118			CANADA
16437	17563	18241	18447	18931	18654	19853	24174	22741			ÉTATS-UNIS
310	263	227*	199*	181*	178*	156*	149*	144*			JAPON
67	96	107	127	172	262*	479*	350*	288			OCÉANIE
64	93	104	122	167	257	474	345	281			AUSTRALIE
3	3	3	5	5	5*	5*	5*	7	5		NOUVELLE ZÉLANDE
..	999*	1078	1134	1346	1581	1760	1874*	1893*			O.C.D.E. - EUROPE (non compris la Yougoslavie)
409*	424*	452	498	553	592	607	635	683*			COMMUNAUTE ÉCONOMIQUE EUROPÉENNE - TOTAL
24	14	16	17	9	13	9	8	10*	9		BELGIQUE
•	•	•	•	•	•	•	•	•	•		LUXEMBOURG
31	32	27	22	20	31	36	55	65			DANEMARK
264	293	314	355	411	416	409	404	427	410		FRANCE
47	49	63	74	85	95	106	108	110	90		ALLEMAGNE
16	13	9	10	11	14	18	24	23			IRLANDE
23	15	17	15	13	18	22	22	23	20		ITALIE
4*	8*	6	5	4	5	7	14	25	40		PAYS-BAS
											ROYAUME-UNI
..	575	626	636	793	989	1153	1239*	1210*			AUTRES PAYS EUROPÉENS DE L'O.C.D.E. (non compris la Yougoslavie)
8	9	8	5	5	5	4	2	2			AUTRICHE
3	5	5	6	7	6	4	10	13	17		FINLANDE
22	25	18	15	23	20	17	14*	10*			GRÈCE
•	•	•	•	•	•	•	•	•			ISLANDE
6	9	11	8	4	2	2	4	4	5		NORVÈGE
..	103	101	88	185	327	366	463	504			PORTUGAL
56	98	111	107	96	120	154	172	159			ESPAGNE
7	8	8	7	9	10	10	9	10			SUÈDE
314	318	364	400	464	499	596	565	508			SUISSE
											TURQUIE
214	202	193	248	225	215	198	250	227			YOUGOSLAVIE

PRODUCTION (Milliers de tonnes métriques)

1966	1967	1968	1969	1970	1971	1972	1973	1974	1975	1976	
..	35298*	40536*	41450*	43089*	44954*	48321*	55515*	45952*			O.C.D.E. - TOTAL (non compris la Yougoslavie)
31986*	32256*	37444*	38338*	39718*	40943*	43798*	51133*	41330*			O.C.D.E. AMÉRIQUE DU NORD
1405	1035	1197	1695	3165	3082	2200	2138	1876			CANADA
30581*	31220*	36247*	36644*	36553*	37861*	41598*	48995*	39454*			ÉTATS-UNIS
437	409	361*	313*	283*	259*	261*	231*	248*			JAPON
78	116	128	139	185*	216*	367*	272*	285	354		OCÉANIE
73	109	122	129	173	204	355	260	271	344		AUSTRALIE
5	7	6	10	12*	12*	12*	12*	14	10		NOUVELLE ZÉLANDE
..	2518*	2603*	2660*	2903*	3536*	3895*	3879*	4089*			O.C.D.E. - EUROPE (non compris la Yougoslavie)
615*	743*	785*	823*	943*	1129*	1220*	1213	1375			COMMUNAUTE ÉCONOMIQUE EUROPÉENNE - TOTAL
24	11	11	11	6	10	9	7	8	7		BELGIQUE
•	•	•	•	•	•	•	•	•			LUXEMBOURG
43	53	46	33	29	53	55	103	141			DANEMARK
383	490	502	571	666	757	808	759	771	687		FRANCE
99	125	170	158	185	228	249	222	301	199		ALLEMAGNE
28	22	16	17	21	27	31	42	42			IRLANDE
33	27	28	21	29	44	54	49	56	46		ITALIE
6*	15*	13*	11*	8*	10*	14*	31	56	61		PAYS-BAS
											ROYAUME-UNI
..	1775	1818	1836	1960	2407	2676	2666*	2714*			AUTRES PAYS EUROPÉENS DE L'O.C.D.E. (non compris la Yougoslavie)
17	19	16	9	9	8	8	5	5			AUTRICHE
3	9	6	8	10	9	9	16	17	26		FINLANDE
276	304	241	350	342	376	405	391*	378*			GRÈCE
•	•	•	•	•	•	•	•	•			ISLANDE
2	14	19	9	5	2	2	7	7			NORVÈGE
..	203	214	175	272	322	371	423	463			PORTUGAL
103	252	267	211	194	256	329	340	351			ESPAGNE
11	18	19	14	19	24	24	20	28			SUÈDE
803	958	1036	1060	1110	1409	1525	1465	1466			SUISSE
											TURQUIE
358	323	343	431	310	396	317	474	343			YOUGOSLAVIE

PRODUCTION (Thousand metric tons) - PRODUCTION (Milliers de tonnes métriques)

FLAX FIBRE - FIBRE DE LIN

	1955	1956	1957	1958	1959	1960	1961	1962	1963	1964	1965
O.E.C.D. - TOTAL (excluding Yugoslavia)	172	157	124	100	93	137	123	133	146	169	115*
O.E.C.D. NORTH AMERICA	.	.	.	.	.	.	.	.	.	.	.
CANADA	.	.	.	.	.	.	.	.	.	.	.
UNITED STATES	.	.	.	.	.	.	.	.	.	.	.
JAPAN	5	7	7	7	7	7	6	6	5	5	3
OCEANIA	2	2	3	1	1	.	.	1	.	.	.*
AUSTRALIA	2	2	3	1	1	.	.	1	.	.	.*
NEW ZEALAND	.	.	.	.	.	.	.	.	.	.	.
O.E.C.D. - EUROPE (excluding Yugoslavia)	165	149	114	93	85	130	117	126	141	164	111
EUROPEAN ECONOMIC COMMUNITY - TOTAL	136	118	90	69	66	111	95	104	121	143	98
BELGIUM	32	28	22	20	15	25	23	27	29	34	23
LUXEMBOURG	.	.	.	.	.	.	.	.	.	.	.
DENMARK	.	.	.	.	.	.	.	.	.	.	.
FRANCE	77	66	50	36	40	67	56	59	72	86	59
GERMANY	.	.	.	.	.	.	.	.	.	.	.
IRELAND	3	2	2	2	1	1	1	.	.	.	.
ITALY	.	.	.	.	.	.	.	.	.	.	.
NETHERLANDS	24	22	16	12	10	19	16	18	20	23	16
UNITED KINGDOM	.	.	.	.	.	.	.	.	.	.	.
OTHER O.E.C.D. EUROPE (excluding Yugoslavia)	29	31	24	23	20	19	21	22	21	20	13
AUSTRIA	.	.	.	.	.	.	.	.	.	.	.
FINLAND	.	.	.	.	.	.	.	.	.	.	.
GREECE	1	1	1	.	.	.	.	.	.	.	.
ICELAND	.	.	.	.	.	.	.	.	.	.	.
NORWAY	.	.	.	.	.	.	.	.	.	.	.
PORTUGAL	1	1	1	1	2	1	2	2	1	1	2
SPAIN	9	6	6	7	7	4	4	6	5	2	1
SWEDEN	13	16	11	10	7	10	9	11	9	11	7
SWITZERLAND	.	.	.	.	.	.	.	.	.	.	.
TURKEY	6	7	6	4	4	4	7	4	5	6	4
YUGOSLAVIA	4	4	4	4	5	5	4	2	3	3	2

HEMP FIBRE - FILASSE DE CHANVRE

	1955	1956	1957	1958	1959	1960	1961	1962	1963	1964	1965
O.E.C.D. - TOTAL (excluding Yugoslavia)	63	73	67	53	47	39	39	42	41	31	30
O.E.C.D. NORTH AMERICA	.	.	.	.	.	.	.	.	.	.	.
CANADA	.	.	.	.	.	.	.	.	.	.	.
UNITED STATES	.	.	.	.	.	.	.	.	.	.	.
JAPAN	2	2	2	2	2	3	1	1	1	1	1
OCEANIA	.	.	.	.	.	.	.	.	.	.	.
AUSTRALIA	.	.	.	.	.	.	.	.	.	.	.
NEW ZEALAND	.	.	.	.	.	.	.	.	.	.	.
O.E.C.D. - EUROPE (excluding Yugoslavia)	61	71	65	51	45	36	38	41	40	31	29
EUROPEAN ECONOMIC COMMUNITY - TOTAL	37	45	32	17	14	13	15	18	18	14	15
BELGIUM	.	.	.	.	.	.	.	.	.	.	.
LUXEMBOURG	.	.	.	.	.	.	.	.	.	.	.
DENMARK	.	.	.	.	.	.	.	.	.	.	.
FRANCE	2	3	2	2	2	1	2	4	4	4	5
GERMANY	.	.	.	.	.	.	.	.	.	.	.
IRELAND	.	.	.	.	.	.	.	.	.	.	.
ITALY	34	42	30	15	13	12	12	14	14	10	10
NETHERLANDS	.	.	.	.	.	.	.	.	.	.	.
UNITED KINGDOM	.	.	.	.	.	.	.	.	.	.	.
OTHER O.E.C.D. EUROPE (excluding Yugoslavia)	25	26	32	34	31	24	23	23	22	17	14
AUSTRIA	.	.	.	.	.	.	.	.	.	.	.
FINLAND	.	.	.	.	.	.	.	.	.	.	.
GREECE	.	.	.	.	.	.	.	.	.	.	.
ICELAND	.	.	.	.	.	.	.	.	.	.	.
NORWAY	.	.	.	.	.	.	.	.	.	.	.
PORTUGAL	.	.	.	.	.	.	.	.	.	.	.
SPAIN	9	12	14	15	12	10	8	10	8	4	2
SWEDEN	4	4	4	4	4	2	5	4	4	3	2
SWITZERLAND	.	.	.	.	.	.	.	.	.	.	.
TURKEY	11	11	14	14	15	12	11	9	10	9	10
YUGOSLAVIA	53	34	49	41	35	31	40	43	40	46	49

FLAX FIBRE - FIBRE DE LIN

1966	1967	1968	1969	1970	1971	1972	1973	1974	1975	1976	
105*	94*	78*	78*	52*	71*	62*	54*	61*			O.C.D.E. - TOTAL (non compris la Yougoslavie)
·	·	·	·	·	·	·	·	·			O.C.D.E. AMÉRIQUE DU NORD
·	·	·	·	·	·	·	·	·			CANADA
·	·	·	·	·	·	·	·	·	·		ÉTATS-UNIS
2	1	·*	·*	·*	·*	·*	·*	·*			JAPON
·*	·*	·*	·*	·*	·*	·*	·*	·*			OCÉANIE
·*	·*	·*	·*	·*	·*	·*	·*	·*			AUSTRALIE
·	·	·	·	·	·	·	·	·	·		NOUVELLE ZÉLANDE
103	93	77	78	52	70	62	53*	61*			O.C.D.E. - EUROPE (non compris la Yougoslavie)
97	87	72	72	49	67	59	50*	55*			COMMUNAUTÉ ÉCONOMIQUE EUROPÉENNE - TOTAL
19	12	13	13	6	11	7	6	8	7		BELGIQUE
·	·	·	·	·	·	·	·	·	·		LUXEMBOURG
·	·	·	·	·	·	·	·	·	·		DANEMARK
67	67	51	52	40	50	46	40	41*	35*		FRANCE
·	·	·	·	·	·	·	·	·	·		ALLEMAGNE
·	·	·	·	·	·	·	·	·	·		IRLANDE
12	8	8	7	3	6	5	4*	6*	4*		ITALIE
·	·	·	·	·	·	·	·	·	·		PAYS-BAS
·	·	·	·	·	·	·	·	·			ROYAUME-UNI
6	6	6	6	3	3	3	3	5*			AUTRES PAYS EUROPÉENS DE L'O.C.D.E. (non compris la Yougoslavie)
·	·	·	·	·	·	·	·	·			AUTRICHE
·	·	·	·	·	·	·	·	·			FINLANDE
·	·	·	·	·	·	·	·	·	·		GRÈCE
·	·	·	·	·	·	·	·	·			ISLANDE
2	2	2	2	1	2	1	1	1*			NORVÈGE
1	·	·	·	·	·	·	·	·			PORTUGAL
·	·	·	·	·	·	·	·	·			ESPAGNE
·	·	·	·	·	·	·	·	·			SUÈDE
4	4	4	4	1	2	1	1	4			SUISSE / TURQUIE
2	2	1	1	1	1	·	·	·			YOUGOSLAVIE

HEMP FIBRE - FILASSE DE CHANVRE

1966	1967	1968	1969	1970	1971	1972	1973	1974	1975	1976	
27*	19*	17*	14*	14*	19*	18*	16*	17*			O.C.D.E. - TOTAL (non compris la Yougoslavie)
·	·	·	·	·	·	·	·	·			O.C.D.E. AMÉRIQUE DU NORD
·	·	·	·	·	·	·	·	·			CANADA
·	·	·	·	·	·	·	·	·	·		ÉTATS-UNIS
1*	1*	1*	1*	1*	1*	1*	1*	1*			JAPON
·	·	·	·	·	·	·	·	·			OCÉANIE
·	·	·	·	·	·	·	·	·	·		AUSTRALIE
·	·	·	·	·	·	·	·	·	·		NOUVELLE ZÉLANDE
26	19	16	13	13	18	17	15*	16*			O.C.D.E. - EUROPE (non compris la Yougoslavie)
15	11	6	4	4	10	8	7*	5*			COMMUNAUTÉ ÉCONOMIQUE EUROPÉENNE - TOTAL
·	·	·	·	·	·	·	·	·	·		BELGIQUE
·	·	·	·	·	·	·	·	·	·		LUXEMBOURG
·	·	·	·	·	·	·	·	·	·		DANEMARK
4	4	4	3	3	5	5	5	4	6		FRANCE
·	·	·	·	·	·	·	·	·	·		ALLEMAGNE
·	·	·	·	·	·	·	·	·			IRLANDE
11	7	2	1	1	5	3	2*	2*			ITALIE
·	·	·	·	·	·	·	·	·	·		PAYS-BAS
·	·	·	·	·	·	·	·	·	·		ROYAUME-UNI
11	8	10	9	9	8	9	9*	11*			AUTRES PAYS EUROPÉENS DE L'O.C.D.E. (non compris la Yougoslavie)
·	·	·	·	·	·	·	·	·			AUTRICHE
·	·	·	·	·	·	·	·	·			FINLANDE
·	·	·	·	·	·	·	·	·			GRÈCE
·	·	·	·	·	·	·	·	·	·		ISLANDE
·	·	·	·	·	·	·	·	·*	·*		NORVÈGE
1	1	·	·	·	·	·	·	2			PORTUGAL / ESPAGNE
·	·	·	·	·	·	·	·	·	·		SUÈDE
10	7	9	8	8	8	9	8	9			SUISSE / TURQUIE
48	41	11	13	17	14	11	11	11			YOUGOSLAVIE

COTTON LINT - COTON (FIBRE)

	1955	1956	1957	1958	1959	1960	1961	1962	1963	1964	1965
AREA (Thousand hectares)											
O.E.C.D. - TOTAL (excluding Yugoslavia)	7864	7367	6474	5798	7139	7262	7550	7620	6906	6738	6557
O.E.C.D. NORTH AMERICA	6851	6319	5487	4795	6118	6195	6327	6301	5751	5688	5509
CANADA	-	-	-	-		-	-	-	-		
UNITED STATES	6851	6319	5487	4795	6118	6195	6327	6301	5751	5688	5509
JAPAN	1	1	1	1	1	1	1	1	-		-
OCEANIA	3	5	5	4	4	8	15	12	15	17	15
AUSTRALIA	3	5	5	4	4	8	15	12	15	17	15
NEW ZEALAND	-	-	-	-		-	-	-			
O.E.C.D. - EUROPE (excluding Yugoslavia)	1009	1042	981	998	1016	1058	1207	1306	1140	1033	1033
EUROPEAN ECONOMIC COMMUNITY - TOTAL	54	45	40	36	36	22	22	22	16	15	14
BELGIUM	-	-	-	-		-	-	-	-	-	-
LUXEMBOURG	-	-	-	-		-	-	-	-	-	-
DENMARK	-	-	-	-		-	-	-	-	-	-
FRANCE	-	-	-	-		-	-	-	-	-	-
GERMANY	-	-	-	-		-	-	-	-	-	-
IRELAND	-	-	-	-		-	-	-	-	-	-
ITALY	54	45	40	36	36	22	22	22	16	15	14
NETHERLANDS	-	-	-	-		-	-	-	-	-	-
UNITED KINGDOM	-	-	-	-		-	-	-	-	-	-
OTHER O.E.C.D. EUROPE (excluding Yugoslavia)	955	997	941	962	980	1036	1185	1284	1124	1018	1019
AUSTRIA	-	-	-	-		-	-	-	-	-	-
FINLAND	-	-	-	-		-	-	-	-	-	-
GREECE	166	160	156	162	131	165	217	278	233	141	135
ICELAND	-	-	-	-		-	-	-	-	-	-
NORWAY	-	-	-	-		-	-	-	-	-	-
PORTUGAL	-	-	-	-		-	-	-	-	-	-
SPAIN	164	200	160	169	225	250	319	346	263	197	198
SWEDEN	-	-	-	-		-	-	-	-	-	-
SWITZERLAND	-	-	-	-		-	-	-	-	-	-
TURKEY	625	637	625	631	624	621	649	660	628	680	685
YUGOSLAVIA	14	13	13	13	13	12	10	9	11	10	8
PRODUCTION (Thousand metric tons)											
O.E.C.D. - TOTAL (excluding Yugoslavia)	3473	3174	2630	2798	3409	3366	3534	3691	3802	3780	3748
O.E.C.D. NORTH AMERICA	3205	2898	2387	2506	3170	3107	3117	3237	3339	3297	3252
CANADA	-	-	-	-		-	-	-	-		
UNITED STATES	3205	2898	2387	2506	3170	3107	3117	3237	3339	3297	3252
JAPAN	1	-	-	-		-	-	-	-		
OCEANIA	1	1	1	1	1	2	2	2	2	3	10
AUSTRALIA	1	1	1	1	1	2	2	2	2	3	10
NEW ZEALAND	-	-	-	-		-	-	-			
O.E.C.D. - EUROPE (excluding Yugoslavia)	267	275	242	291	328	256	414	452	462	479	486
EUROPEAN ECONOMIC COMMUNITY - TOTAL	14	8	8	8	12	6	5	4	5	5	5
BELGIUM	-	-	-	-		-	-	-	-	-	-
LUXEMBOURG	-	-	-	-		-	-	-	-	-	-
DENMARK	-	-	-	-		-	-	-	-	-	-
FRANCE	-	-	-	-		-	-	-	-	-	-
GERMANY	-	-	-	-		-	-	-	-	-	-
IRELAND	-	-	-	-		-	-	-	-	-	-
ITALY	14	8	8	8	12	6	5	4	5	5	5
NETHERLANDS	-	-	-	-		-	-	-	-	-	-
UNITED KINGDOM	-	-	-	-		-	-	-	-	-	-
OTHER O.E.C.D. EUROPE (excluding Yugoslavia)	253	267	234	284	316	250	409	448	456	474	481
AUSTRIA	-	-	-	-		-	-	-	-	-	-
FINLAND	-	-	-	-		-	-	-	-	-	-
GREECE	61	51	63	62	57	63	90	90	101	71	75
ICELAND	-	-	-	-		-	-	-	-	-	-
NORWAY	-	-	-	-		-	-	-	-	-	-
PORTUGAL	-	-	-	-		-	-	-	-	-	-
SPAIN	35	51	36	42	64	12	107	113	98	77	81
SWEDEN	-	-	-	-		-	-	-	-	-	-
SWITZERLAND	-	-	-	-		-	-	-	-	-	-
TURKEY	157	165	135	180	195	176	212	245	258	326	325
YUGOSLAVIA	3	2	3	2	3	2	2	2	3	2	2

COTTON LINT - COTON (FIBRE)

SUPERFICIE (Milliers d'hectares)

1966	1967	1968	1969	1970	1971	1972	1973	1974	1975	1976	
4978	4265	5137	5458	5313	5587	6354	5915*	6225*			O.C.D.E. - TOTAL (non compris la Yougoslavie)
3866	3236	4111	4472	4514	4642	5254	4844	5086			O.C.D.E. AMÉRIQUE DU NORD
-	-	-	-	-	-	-	-	-			CANADA
3866	3236	4111	4472	4514	4642	5254	4844	5086	3667		ÉTATS-UNIS
-	-	-	-	-	-	-	-	-			JAPON
22	22	29	32	32	35	40	44	42			OCÉANIE
22	22	29	32	32	35	40	44	42			AUSTRALIE
-									-		NOUVELLE ZÉLANDE
1090	1007	997	954	767	910	1060	927*	1097*			O.C.D.E. - EUROPE (non compris la Yougoslavie)
11	9	7	7	5	5	4	3	5			COMMUNAUTE ECONOMIQUE EUROPÉENNE - TOTAL
-	-	-	-	-	-	-	-	-			BELGIQUE
-	-	-	-	-	-	-	-	-			LUXEMBOURG
-	-	-	-	-	-	-	-	-			DANEMARK
-	-	-	-	-	-	-	-	-			FRANCE
-	-	-	-	-	-	-	-	-			ALLEMAGNE
11	9	7	7	5	5	4	3	5			IRLANDE
-	-	-	-	-	-	-	-	-			ITALIE
-	-	-	-	-	-	-	-	-			PAYS-BAS
-	-	-	-	-	-	-	-	-			ROYAUME-UNI
1079	998	990	947	762	905	1056	924*	1092*			AUTRES PAYS EUROPÉENS DE L'O.C.D.E. (non compris la Yougoslavie)
-	-	-	-	-	-	-	-	-			AUTRICHE
-	-	-	-	-	-	-	-	-			FINLANDE
133	136	141	158	143	139	174	154*	153*			GRÈCE
-	-	-	-	-	-	-	-	-			ISLANDE
-	-	-	-	-	-	-	-	-			NORVÈGE
234	144	136	150	91	78	122	93	101			PORTUGAL
-	-	-	-	-	-	-	-	-			ESPAGNE
-	-	-	-	-	-	-	-	-			SUÈDE
-	-	-	-	-	-	-	-	-			SUISSE
712	718	713	639	528	688	760	677	838			TURQUIE
8	10	12	11	14	12	10	9	8			YOUGOSLAVIE

PRODUCTION (Milliers de tonnes métriques)

1966	1967	1968	1969	1970	1971	1972	1973	1974	1975	1976	
2661	2198	3024	2780	2813	2986	3761	3543	3332*			O.C.D.E. - TOTAL (non compris la Yougoslavie)
2081	1621	2379	2175	2219	2281	2983	2825	2513			O.C.D.E. AMÉRIQUE DU NORD
-	-	-	-	-	-	-	-	-			CANADA
2081	1621	2379	2175	2219	2281	2983	2825	2513	1813		ÉTATS-UNIS
-	-	-	-	-	-	-	-	-			JAPON
20	18	33	33	28	20	44	31	31	33		OCÉANIE
20	18	33	33	28	20	44	31	31	33		AUSTRALIE
-								-			NOUVELLE ZÉLANDE
560	559	613	572	566	685	734	687	789*			O.C.D.E. - EUROPE (non compris la Yougoslavie)
3	3	2	2	1	2	1	1	1*			COMMUNAUTE ECONOMIQUE EUROPÉENNE - TOTAL
-	-	-	-	-	-	-	-	-			BELGIQUE
-	-	-	-	-	-	-	-	-			LUXEMBOURG
-	-	-	-	-	-	-	-	-			DANEMARK
-	-	-	-	-	-	-	-	-			FRANCE
-	-	-	-	-	-	-	-	-			ALLEMAGNE
3	3	2	2	1	2	1	1	1*			IRLANDE
-	-	-	-	-	-	-	-	-			ITALIE
-	-	-	-	-	-	-	-	-			PAYS-BAS
-	-	-	-	-	-	-	-	-			ROYAUME-UNI
557	557	611	570	565	683	733	686	788*			AUTRES PAYS EUROPÉENS DE L'O.C.D.E. (non compris la Yougoslavie)
-	-	-	-	-	-	-	-	-			AUTRICHE
-	-	-	-	-	-	-	-	-			FINLANDE
88	96	98	111	110	118	133	127	120*			GRÈCE
-	-	-	-	-	-	-	-	-			ISLANDE
-	-	-	-	-	-	-	-	-			NORVÈGE
87	65	78	59	55	43	56	46	70			PORTUGAL
-	-	-	-	-	-	-	-	-			ESPAGNE
-	-	-	-	-	-	-	-	-			SUÈDE
-	-	-	-	-	-	-	-	-			SUISSE
382	396	435	400	400	522	544	513	598			TURQUIE
2	3	3	3	4	3	2	3	2			YOUGOSLAVIE

TOBACCO - TABAC

	1955	1956	1957	1958	1959	1960	1961	1962	1963	1964	1965
AREA (Thousand hectares)											
O.E.C.D. - TOTAL (excluding Yugoslavia)	1142	1087	987	939	975	975	941	979	1088	1082	991
O.E.C.D. NORTH AMERICA	649	604	509	490	519	517	531	548	522	471	435
CANADA	44	52	55	54	52	55	56	53	46	35	40
UNITED STATES	605	552	454	436	467	462	475	495	476	436	395
JAPAN	75	76	73	68	62	59	57	64	73	82	86
OCEANIA	5	6	6	6	7	10	14	13	14	14	13
AUSTRALIA	4	5	5	5	6	8	12	11	12	12	11
NEW ZEALAND	1	1	1	1	1	2	2	2	2	2	2
O.E.C.D. - EUROPE (excluding Yugoslavia)	413	401	399	375	387	389	339	354	479	515	457
EUROPEAN ECONOMIC COMMUNITY - TOTAL	89	89	88	88	90	85	73	63	77	79	81
BELGIUM	1	1	1	1	1	1	1	1	1	1	1
LUXEMBOURG	-	-	-	-	-	-	-	-	-	-	-
DENMARK	-	-	-	-	-	-	-	-	-	-	-
FRANCE	29	29	27	27	26	25	22	22	23	20	21
GERMANY	11	10	9	8	7	6	4	4	4	4	4
IRELAND	-	-	-	-	-	-	-	-	-	-	-
ITALY	48	49	51	52	56	53	46	36	49	54	55
NETHERLANDS	-	-	-	-	-	-	-	-	-	-	-
UNITED KINGDOM	-	-	-	-	-	-	-	-	-	-	-
OTHER O.E.C.D. EUROPE (excluding Yugoslavia)	324	312	311	287	297	304	266	291	402	436	376
AUSTRIA	1	-	1	1	1	1	-	-	-	-	-
FINLAND	-	-	-	-	-	-	-	-	-	-	-
GREECE	129	118	122	112	102	94	104	122	147	143	132
ICELAND	-	-	-	-	-	-	-	-	-	-	-
NORWAY	-	-	-	-	-	-	-	-	-	-	-
PORTUGAL	-	-	-	-	-	-	-	-	-	-	-
SPAIN	20	18	17	16	16	18	20	19	18	20	21
SWEDEN	-	-	-	-	-	-	-	-	-	-	-
SWITZERLAND	1	1	1	1	1	1	1	1	1	1	1
TURKEY	173	175	170	157	177	190	141	149	236	272	222
YUGOSLAVIA	42	41	56	53	47	33	27	37	53	65	61
PRODUCTION (Thousand metric tons)											
O.E.C.D. - TOTAL (excluding Yugoslavia)	1622	1600	1406	1406	1433	1491	1460	1609	1742	1807	1555
O.E.C.D. NORTH AMERICA	1056	1060	831	877	892	979	1030	1142	1154	1080	918
CANADA	61	74	75	90	77	97	95	92	91	70	77
UNITED STATES	995	987	756	788	815	882	935	1050	1063	1011	841
JAPAN	150	152	145	138	129	121	126	139	158	212	193
OCEANIA	5	5	6	8	10	13	18	16	18	22	17
AUSTRALIA	3	3	4	6	7	10	15	11	14	17	13
NEW ZEALAND	2	2	2	2	3	3	3	4	4	4	5
O.E.C.D. - EUROPE (excluding Yugoslavia)	411	383	424	384	402	378	286	312	411	493	428
EUROPEAN ECONOMIC COMMUNITY - TOTAL	157	154	163	158	166	142	71	99	120	135	133
BELGIUM	3	2	3	4	3	2	3	3	3	3	2
LUXEMBOURG	-	-	-	-	-	-	-	-	-	-	-
DENMARK	-	-	-	-	-	-	-	-	-	-	-
FRANCE	56	58	61	55	53	49	34	39	41	43	49
GERMANY	26	23	22	20	20	11	9	10	12	10	9
IRELAND	-	-	-	-	-	-	-	-	-	-	-
ITALY	72	71	77	80	90	80	25	46	65	79	74
NETHERLANDS	-	-	-	-	-	-	-	-	-	-	-
UNITED KINGDOM	-	-	-	-	-	-	-	-	-	-	-
OTHER O.E.C.D. EUROPE (excluding Yugoslavia)	254	229	261	226	236	236	215	213	291	358	295
AUSTRIA	1	1	1	1	1	1	1	1	1	1	1
FINLAND	-	-	-	-	-	-	-	-	-	-	-
GREECE	97	82	109	84	80	64	74	89	129	134	126
ICELAND	-	-	-	-	-	-	-	-	-	-	-
NORWAY	-	-	-	-	-	-	-	-	-	-	-
PORTUGAL	-	-	-	-	-	-	-	-	-	-	-
SPAIN	33	27	25	23	23	30	37	32	27	28	34
SWEDEN	-	-	1	-	-	-	-	-	-	-	-
SWITZERLAND	2	2	3	2	3	2	2	2	2	2	2
TURKEY	120	117	123	115	129	139	101	90	132	194	132
YUGOSLAVIA	43	31	63	39	44	28	15	30	54	66	54

SUPERFICIE (Milliers d'hectares)

1966	1967	1968	1969	1970	1971	1972	1973	1974	1975	1976	
1048	1064	981	1022	1003	968	983	977*	1060*			O.C.D.E. - TOTAL (non compris la Yougoslavie)
446	445	411	426	408	378	383	408	440			O.C.D.E. AMÉRIQUE DU NORD
53	57	55	54	44	39	42	49	50			CANADA
393	388	356	372	364	339	341	359	390	438		ÉTATS-UNIS
87	86	82	76	71	66	62	59	60*			JAPON
11	11	11	12	13	13	12	12	11			OCÉANIE
9	9	9	10	11	11	10	10	9			AUSTRALIE
2	2	2	2	2	2	2	2	2	2*		NOUVELLE ZÉLANDE
504	522	477	508	511	511	526	498*	549*			O.C.D.E. - EUROPE (non compris la Yougoslavie)
79	78	76	71	66	67	72	75	74			COMMUNAUTE ECONOMIQUE EUROPÉENNE - TOTAL
1	1	1	1	1	1	1	1	1	1		BELGIQUE
-	-	-	-	-	-	-	-	-	-		LUXEMBOURG
-	-	-	-	-	-	-	-	-	-		DANEMARK
21	20	20	20	19	20	20	21	20	20		FRANCE
3	3	3	3	3	3	4	4	4	4		ALLEMAGNE
-	-	-	-	-	-	-	-	-	-		IRLANDE
54	54	52	47	43	43	47	49	49			ITALIE
-	-	-	-	-	-	-	-	-	-		PAYS-BAS
-	-	-	-	-	-	-	-	-	-		ROYAUME-UNI
425	444	401	437	445	444	454	423*	475*			AUTRES PAYS EUROPÉENS DE L'O.C.D.E. (non compris la Yougoslavie)
-	-	-	-	-	-	-	-	-			AUTRICHE
-	-	-	-	-	-	-	-	-	-		FINLANDE
126	128	112	107	98	91	84	83*	83*			GRÈCE
-	-	-	-	-	-	-	-	-	-		ISLANDE
-	-	-	-	-	-	-	-	-			NORVÈGE
-	-	-	-	-	-	-	-	-	-		PORTUGAL
13	18	14	14	15	16	17	16	14	15		ESPAGNE
-	-	-	-	-	-	-	-	-			SUÈDE
1	1	1	1	1	1	1	1	1			SUISSE
285	297	274	315	331	336	352	323	377			TURQUIE
63	59	57	54	53	49	57	57	57			YOUGOSLAVIE

PRODUCTION (Milliers de tonnes métriques)

1966	1967	1968	1969	1970	1971	1972	1973	1974	1975	1976	
1599	1697	1499	1507	1541	1472	1485	1506*	1624*			O.C.D.E. - TOTAL (non compris la Yougoslavie)
961	989	875	930	965	875	878	907	1020			O.C.D.E. AMÉRIQUE DU NORD
106	97	99	112	101	102	85	117	117			CANADA
855	893	776	818	865	773	794	790	903	991		ÉTATS-UNIS
198	209	193	174	150	150	144	154*	139*			JAPON
17	17	15	21	22	23	20	18	18			OCÉANIE
14	14	12	17	19	19	16	15	15	16		AUSTRALIE
3	3	3	4	4	4	4	3	3			NOUVELLE ZÉLANDE
424	482	416	382	409	424	442	427*	447*			O.C.D.E. - EUROPE (non compris la Yougoslavie)
132	145	135	133	136	133	147	160	157			COMMUNAUTE ECONOMIQUE EUROPÉENNE - TOTAL
2	2	2	2	2	2	2	2	2	2		BELGIQUE
-	-	-	-	-	-	-	-	-	-		LUXEMBOURG
-	-	-	-	-	-	-	-	-	-		DANEMARK
47	48	52	45	47	43	50	50	52	51		FRANCE
10	9	7	8	9	9	10	12	10	9*		ALLEMAGNE
-	-	-	-	-	-	-	-	-	-		IRLANDE
73	87	74	79	79	79	84	96	93			ITALIE
-	-	-	-	-	-	-	-	-	-		PAYS-BAS
-	-	-	-	-	-	-	-	-	-		ROYAUME-UNI
292	337	281	249	274	291	295	267*	290*			AUTRES PAYS EUROPÉENS DE L'O.C.D.E. (non compris la Yougoslavie)
1	1	1	1	1	1	-	1	1			AUTRICHE
-	-	-	-	-	-	-	-	-	-		FINLANDE
104	114	89	80	95	88	86	90*	85*			GRÈCE
-	-	-	-	-	-	-	-	-	-		ISLANDE
-	-	-	-	-	-	-	-	-			NORVÈGE
-	-	-	-	-	-	-	-	-	-		PORTUGAL
22	31	26	20	26	27	27	26	23			ESPAGNE
-	-	-	-	-	-	-	-	-			SUÈDE
2	2	2	2	2	2	2	2	2			SUISSE
164	189	163	147	150	174	180	149	179			TURQUIE
54	54	44	47	49	44	62	66	59			YOUGOSLAVIE

SUGAR CANE - CANNE À SUCRE

	1955	1956	1957	1958	1959	1960	1961	1962	1963	1964	1965
AREA (Thousand hectares)											
O.E.C.D. - TOTAL (excluding Yugoslavia)	316	308	319	308	315	328	361	385	418	483	472
O.E.C.D. NORTH AMERICA	158	146	155	145	175	177	191	208	234	277	250
CANADA	-	-	-	-	-	-	-	-	-	-	-
UNITED STATES	158	146	155	145	175	177	191	208	234	277	250
JAPAN	2	7	7	8	8	8	8	9	10	11	13
OCEANIA	151	150	152	150	127	138	157	163	169	190	204
AUSTRALIA	151	150	152	150	127	138	157	163	169	190	204
NEW ZEALAND	-	-	-	-	-	-	-	-	-	-	-
O.E.C.D. - EUROPE (excluding Yugoslavia)	5	5	5	5	5	5	5	5	5	5	5
EUROPEAN ECONOMIC COMMUNITY - TOTAL	-	-	-	-	-	-	-	-	-	-	-
BELGIUM	-	-	-	-	-	-	-	-	-	-	-
LUXEMBOURG	-	-	-	-	-	-	-	-	-	-	-
DENMARK	-	-	-	-	-	-	-	-	-	-	-
FRANCE	-	-	-	-	-	-	-	-	-	-	-
GERMANY	-	-	-	-	-	-	-	-	-	-	-
IRELAND	-	-	-	-	-	-	-	-	-	-	-
ITALY	-	-	-	-	-	-	-	-	-	-	-
NETHERLANDS	-	-	-	-	-	-	-	-	-	-	-
UNITED KINGDOM	-	-	-	-	-	-	-	-	-	-	-
OTHER O.E.C.D. EUROPE (excluding Yugoslavia)	5	5	5	5	5	5	5	5	5	5	5
AUSTRIA	-	-	-	-	-	-	-	-	-	-	-
FINLAND	-	-	-	-	-	-	-	-	-	-	-
GREECE	-	-	-	-	-	-	-	-	-	-	-
ICELAND	-	-	-	-	-	-	-	-	-	-	-
NORWAY	-	-	-	-	-	-	-	-	-	-	-
PORTUGAL	-	-	-	-	-	-	-	-	-	-	-
SPAIN	5	5	5	5	5	5	5	5	5	5	5
SWEDEN	-	-	-	-	-	-	-	-	-	-	-
SWITZERLAND	-	-	-	-	-	-	-	-	-	-	-
TURKEY	-	-	-	-	-	-	-	-	-	-	-
YUGOSLAVIA	-	-	-	-	-	-	-	-	-	-	-
PRODUCTION (Thousand metric tons)											
O.E.C.D. - TOTAL (excluding Yugoslavia)	25011	24924	24597	23907	24956	24796	28209	31907	34978	39023	37074
O.E.C.D. NORTH AMERICA	15528	14872	14695	12995	15300	14940	17788	18179	21852	22728	21467
CANADA	-	-	-	-	-	-	-	-	-	-	-
UNITED STATES	15528	14872	14695	12995	15300	14940	17788	18179	21852	22728	21467
JAPAN	62	235	224	228	106	244	373	452	469	642	790
OCEANIA	9044	9421	9397	10377	9146	9313	9730	12940	12312	15311	14382
AUSTRALIA	9044	9421	9397	10377	9146	9313	9730	12940	12312	15311	14382
NEW ZEALAND	-	-	-	-	-	-	-	-	-	-	-
O.E.C.D. - EUROPE (excluding Yugoslavia)	378	397	281	307	314	299	318	337	345	342	435
EUROPEAN ECONOMIC COMMUNITY - TOTAL	-	-	-	-	-	-	-	-	-	-	-
BELGIUM	-	-	-	-	-	-	-	-	-	-	-
LUXEMBOURG	-	-	-	-	-	-	-	-	-	-	-
DENMARK	-	-	-	-	-	-	-	-	-	-	-
FRANCE	-	-	-	-	-	-	-	-	-	-	-
GERMANY	-	-	-	-	-	-	-	-	-	-	-
IRELAND	-	-	-	-	-	-	-	-	-	-	-
ITALY	-	-	-	-	-	-	-	-	-	-	-
NETHERLANDS	-	-	-	-	-	-	-	-	-	-	-
UNITED KINGDOM	-	-	-	-	-	-	-	-	-	-	-
OTHER O.E.C.D. EUROPE (excluding Yugoslavia)	378	397	281	307	314	299	318	337	345	342	435
AUSTRIA	-	-	-	-	-	-	-	-	-	-	-
FINLAND	-	-	-	-	-	-	-	-	-	-	-
GREECE	-	-	-	-	-	-	-	-	-	-	-
ICELAND	-	-	-	-	-	-	-	-	-	-	-
NORWAY	-	-	-	-	-	-	-	-	-	-	-
PORTUGAL	-	-	-	-	-	-	-	-	-	-	-
SPAIN	378	397	281	307	314	299	318	337	345	342	435
SWEDEN	-	-	-	-	-	-	-	-	-	-	-
SWITZERLAND	-	-	-	-	-	-	-	-	-	-	-
TURKEY	-	-	-	-	-	-	-	-	-	-	-
YUGOSLAVIA	-	-	-	-	-	-	-	-	-	-	-

SUGAR CANE - CANNE À SUCRE

SUPERFICIE (Milliers d'hectares)

1966	1967	1968	1969	1970	1971	1972	1973	1974	1975	1976	
497	496	493	448	474	513	542	542*	566*			O.C.D.E. - TOTAL (non compris la Yougoslavie)
253	254	245	217	236	262	284	300	297			O.C.D.E. AMÉRIQUE DU NORD
-	-	-	-	-	-	-	-	-			CANADA
253	254	245	217	236	262	284	300	297	313		ÉTATS-UNIS
13	13	13	13	12	12	11	11*	11*			JAPON
226	224	230	213	221	234	242	226	254			OCÉANIE
226	224	230	213	221	234	242	226	254			AUSTRALIE
-	-	-	-	-	-	-	-	-			NOUVELLE ZÉLANDE
5	5	5	5	5	5	5	5	4			O.C.D.E. - EUROPE (non compris la Yougoslavie)
-	-	-	-	-	-	-	-	-	-		COMMUNAUTE ECONOMIQUE EUROPÉENNE - TOTAL
-	-	-	-	-	-	-	-	-			BELGIQUE
-	-	-	-	-	-	-	-	-			LUXEMBOURG
-	-	-	-	-	-	-	-	-			DANEMARK
-	-	-	-	-	-	-	-	-			FRANCE
-	-	-	-	-	-	-	-	-			ALLEMAGNE
-	-	-	-	-	-	-	-	-			IRLANDE
-	-	-	-	-	-	-	-	-			ITALIE
-	-	-	-	-	-	-	-	-			PAYS-BAS
-	-	-	-	-	-	-	-	-			ROYAUME-UNI
5	5	5	5	5	5	5	5	4			AUTRES PAYS EUROPÉENS DE L'O.C.D.E. (non compris la Yougoslavie)
-	-	-	-	-	-	-	-	-			AUTRICHE
-	-	-	-	-	-	-	-	-			FINLANDE
-	-	-	-	-	-	-	-	-	-		GRÈCE
-	-	-	-	-	-	-	-	-			ISLANDE
-	-	-	-	-	-	-	-	-			NORVÈGE
-	-	-	-	-	-	-	-	-			PORTUGAL
5	5	5	5	5	5	5	5	4			ESPAGNE
-	-	-	-	-	-	-	-	-			SUÈDE
-	-	-	-	-	-	-	-	-			SUISSE
-	-	-	-	-	-	-	-	-			TURQUIE
-	-	-	-	-	-	-	-	-			YOUGOSLAVIE

PRODUCTION (Milliers de tonnes métriques)

1966	1967	1968	1969	1970	1971	1972	1973	1974	1975	1976	
40470	42484	42395	37573	40505	42404	45618	43705	43878*			O.C.D.E. - TOTAL (non compris la Yougoslavie)
22240	24178	22521	20516	21749	21929	25703	23430	22509			O.C.D.E. AMÉRIQUE DU NORD
-	-	-	-	-	-	-	-	-			CANADA
22240	24178	22521	20516	21749	21929	25703	23430	22509	25854		ÉTATS-UNIS
854	870	759	815	691	641	645	665	665*			JAPON
16952	17024	18708	15784	17645	19391	18928	19278	20383			OCÉANIE
16952	17024	18708	15784	17645	19391	18928	19278	20383			AUSTRALIE
-	-	-	-	-	-	-	-	-			NOUVELLE ZÉLANDE
424	412	407	458	410	443	343	332	321			O.C.D.E. - EUROPE (non compris la Yougoslavie)
-	-	-	-	-	-	-	-	-			COMMUNAUTE ECONOMIQUE EUROPÉENNE - TOTAL
-	-	-	-	-	-	-	-	-			BELGIQUE
-	-	-	-	-	-	-	-	-			LUXEMBOURG
-	-	-	-	-	-	-	-	-			DANEMARK
-	-	-	-	-	-	-	-	-			FRANCE
-	-	-	-	-	-	-	-	-			ALLEMAGNE
-	-	-	-	-	-	-	-	-			IRLANDE
-	-	-	-	-	-	-	-	-			ITALIE
-	-	-	-	-	-	-	-	-			PAYS-BAS
-	-	-	-	-	-	-	-	-			ROYAUME-UNI
424	412	407	458	410	443	343	332	321			AUTRES PAYS EUROPÉENS DE L'O.C.D.E. (non compris la Yougoslavie)
-	-	-	-	-	-	-	-	-			AUTRICHE
-	-	-	-	-	-	-	-	-			FINLANDE
-	-	-	-	-	-	-	-	-	-		GRÈCE
-	-	-	-	-	-	-	-	-			ISLANDE
-	-	-	-	-	-	-	-	-			NORVÈGE
424	412	407	458	410	443	343	332	321			PORTUGAL
-	-	-	-	-	-	-	-	-			ESPAGNE
-	-	-	-	-	-	-	-	-			SUÈDE
-	-	-	-	-	-	-	-	-			SUISSE
-	-	-	-	-	-	-	-	-			TURQUIE
-	-	-	-	-	-	-	-	-			YOUGOSLAVIE

VEGETABLES - LÉGUMES

	1955	1956	1957	1958	1959	1960	1961	1962	1963	1964	1965
O.E.C.D. - TOTAL (excluding Yugoslavia)	60585*	63578*	63877*	72145*	66223*	71605*	71998*	73026*	75833*	75660*	76816*
O.E.C.D. NORTH AMERICA	19957	22324	20665	21404	20910	21999	22432	23424	22150	22266	22760
CANADA	995	933	1019	1151	1136	1222	1237	1386	1127	1211	1277
UNITED STATES	18962	21391	19646	20253	19774	20777	21195	22038	21023	21055	21483
JAPAN	9234	9137	9839	9596	10022	11742	11195	12245	13397	12748	13490
OCEANIA	648*	752*	764*	6114*	770	783	846	870	905	985	961
AUSTRALIA	499*	602*	607*	5950*	606	610	661	652	658	714	728
NEW ZEALAND	149	150	157	164	164	173	185	218	247	271	233
O.E.C.D. - EUROPE (excluding Yugoslavia)	30746*	31365*	32609*	35031*	34521*	37081*	37525*	36487*	39381*	39661*	39605*
EUROPEAN ECONOMIC COMMUNITY - TOTAL	19624	20180	21186	23213	22475	24741	25027	24134	26325	26554	26404
BELGIUM	833	702	803	816	806	809	887	888	1000	1100	920
LUXEMBOURG	14	15	13	16	9	15	13	12	15	13	17
DENMARK	191	209	201	201	184	214	205	207	235	211	184
FRANCE	6350	6800	6325	6950	6700	7650	7587	7463	7225	7201	7394
GERMANY	2221	1985	2196	2093	1732	2225	2158	2005	2409	2141	1887
IRELAND	424	451	624	383	418	451	437	455	456	450	466
ITALY	5807	6002	7010	8562	8555	8905	9282	8854	9954	10437	10785
NETHERLANDS	1216	1241	1321	1460	1393	1498	1554	1587	1649	1817	1655
UNITED KINGDOM	2568	2775	2693	2732	2678	2974	2904	2663	3382	3184	3096
OTHER O.E.C.D. EUROPE (excluding Yugoslavia)	11122*	11185*	11423*	11818*	12056*	12340*	12498*	12353*	13056*	13107*	13201*
AUSTRIA	500	500	500	500	500	580	480	430	560	530	550
FINLAND	66	80	95	90	90	65	60	54	59	57	52
GREECE	922	958	1089	1080	1082	1136	875	890	1050	1105	1130
ICELAND	-	-	-	-	-	-	-	-	-	-	-
NORWAY	140	175	164	157	150	154	164	143	176	150	165
PORTUGAL	926	872	867	899	933	957	986	975	1122	1236	1370
SPAIN	3561	3573	3694	4120	4315	4468	4877	4871	5054	5006	4963
SWEDEN	226	231	216	187	171	229	256	235	248	253	233
SWITZERLAND	281	296	298	285	315	251	300	255	287	270	238
TURKEY	4500*	4500*	4500*	4500*	4500*	4500*	4500*	4500*	4500*	4500*	4500*
YUGOSLAVIA	9050	8250	12320	9540	12830	13360	11120	1163	1286	1350	1207

CITRUS FRUIT - AGRUMES

	1955	1956	1957	1958	1959	1960	1961	1962	1963	1964	1965
O.E.C.D. - TOTAL (excluding Yugoslavia)	10836	10439	11597	10729	12072	12056	12554	12776	11985	12209	13768
O.E.C.D. NORTH AMERICA	7320	7483	7581	6459	7430	7260	6921	7868	5942	5648	6925
CANADA	-	-	-	-	-	-	-	-	-	-	-
UNITED STATES	7320	7483	7581	6459	7430	7260	6921	7868	5942	5648	6925
JAPAN	588	765	796	911	935	1116	1110	1133	1165	1507	1639
OCEANIA	183	178	168	163	201	176	219	254	234	284	242
AUSTRALIA	178	173	164	159	197	171	215	247	228	278	236
NEW ZEALAND	5	5	4	4	4	5	4	7	6	6	6
O.E.C.D. - EUROPE (excluding Yugoslavia)	2745	2013	3052	3196	3506	3504	4304	3521	4644	4770	4962
EUROPEAN ECONOMIC COMMUNITY - TOTAL	1061	1048	1118	1274	1195	1205	1428	1214	1620	1808	1779
BELGIUM	-	-	-	-	-	-	-	-	-	-	-
LUXEMBOURG	-	-	-	-	-	-	-	-	-	-	-
DENMARK	-	-	-	-	-	-	-	-	-	-	-
FRANCE	2	1	1	1	2	2	2	3	3	4	2
GERMANY	-	-	-	-	-	-	-	-	-	-	-
IRELAND	-	-	-	-	-	-	-	-	-	-	-
ITALY	1059	1047	1117	1273	1193	1203	1426	1211	1617	1804	1777
NETHERLANDS	-	-	-	-	-	-	-	-	-	-	-
UNITED KINGDOM	-	-	-	-	-	-	-	-	-	-	-
OTHER O.E.C.D. EUROPE (excluding Yugoslavia)	1684	965	1934	1922	2311	2299	2876	2307	3024	2962	3183
AUSTRIA	-	-	-	-	-	-	-	-	-	-	-
FINLAND	-	-	-	-	-	-	-	-	-	-	-
GREECE	196	209	240	276	259	283	482	428	438	557	570
ICELAND	-	-	-	-	-	-	-	-	-	-	-
NORWAY	-	-	-	-	-	-	-	-	-	-	-
PORTUGAL	110	71	90	115	128	109	142	172	115	165	169
SPAIN	1180	508	1314	1248	1664	1621	1963	1411	2087	1915	2019
SWEDEN	-	-	-	-	-	-	-	-	-	-	-
SWITZERLAND	-	-	-	-	-	-	-	-	-	-	-
TURKEY	198	177	290	283	260	286	289	296	384	325	425
YUGOSLAVIA	1	-	-	-	1	1	1	-	-	-	1

PRODUCTION (Thousand metric tons) - PRODUCTION (Milliers de tonnes métriques)

VEGETABLES - LÉGUMES

1966	1967	1968	1969	1970	1971	1972	1973	1974	1975	1976	
79778*	82791*	85748*	83575*	85200*	86078*	84529*	86463*	87425*			O.C.D.E. - TOTAL (non compris la Yougoslavie)
23114	24619	27282	24025	24417	25204	24946	25690	26900*			O.C.D.E. AMÉRIQUE DU NORD
1256	1323	1690	1171	1441	1400	1154	1270	1300*			CANADA
21858	23296	25592	22854	22976	23804	23792	24420	25600			ÉTATS-UNIS
14406	14689	15950	15507	15131	15777	15875	15315	15500*			JAPON
1063	988	1023	1103	1039	1121	1061	1038	1054*			OCÉANIE
820	732	811	861	807	910	853	808	830*			AUSTRALIE
243	256	212	242	232	211	208	230	224			NOUVELLE ZÉLANDE
41195*	42495*	41493*	42940*	44613*	43976*	42647*	44420*	43971*			O.C.D.E. - EUROPE (non compris la Yougoslavie)
27485*	28506*	27694*	28504*	29201*	28231*	26522*	27587*	26733*			COMMUNAUTE ECONOMIQUE EUROPÉENNE - TOTAL
911	1200	1058	1057	1056	1180	1138	1248	1308*			BELGIQUE
17	20	20	22	20	18	17	15	16*			LUXEMBOURG
221	201	211	199	243	228	218	208	208*			DANEMARK
7217	7340	7140	7295	7417	7183	6628	6781	6475			FRANCE
2281	2282	2087	1870	2002	1779	1715	1941	1683			ALLEMAGNE
494	487	513	471	495	482	427	450*	450*			IRLANDE
11270	11545	11374	12156	12146	11720	10752	10994	10570			ITALIE
1774	2031	1951	2075	2219	2150	2169	2370	2276			PAYS-BAS
3291*	3400*	3340*	3359*	3565*	3491*	3457*	3730*	3747*			ROYAUME-UNI
13710*	13989*	13799	14436	15412	15745	16125*	16833*	17238*			AUTRES PAYS EUROPÉENS DE L'O.C.D.E. (non compris la Yougoslavie)
580	550	560	550	534	555	575	555	550*			AUTRICHE
55	59	59	74	80	86	80	84	83	83*		FINLANDE
1240	1256	1455	1681	1951	2009	1915*	2161*	2009*	-		GRÈCE
-	-	-	-	-	-	-	-	-			ISLANDE
180	166	169	159	162	169	169	173	162			NORVÈGE
1520	1691	1744	1846	1759	1606	1749	1845	1800*			PORTUGAL
5040	5223	5386	5239	5505	5674	5797	6445	6860			ESPAGNE
289	264	195	161	215	217	203	208	201			SUÈDE
288	280	260	260	257	291	261	273	265			SUISSE
4500*	4500*	3971	4466	4949	5138	5376	5089	5308			TURQUIE
1480	1410	1490	1506	1564	1583	1703	1913	1853			YOUGOSLAVIE

CITRUS FRUIT - AGRUMES

1966	1967	1968	1969	1970	1971	1972	1973	1974	1975	1976	
15908	18061	16519	19253	19812	20302	21794	23848*	23749*			O.C.D.E. - TOTAL (non compris la Yougoslavie)
7953	10374	7555	10172	10306	10827	11032	12605	12168	13228		O.C.D.E. AMÉRIQUE DU NORD
-	-	-	-	-	-	-	-	-	-		CANADA
7953	10374	7555	10172	10306	10827	11032	12605	12168	13228		ÉTATS-UNIS
2089	1945	2738	2519	2911	2943	3994	3756	3733			JAPON
280	274	324	303	306	372	435	401	434			OCÉANIE
274	267	315	294	384	361	424	389	418			AUSTRALIE
6	7	9	9	12	11	11	12	16			NOUVELLE ZÉLANDE
5586	5468	5902	6259	6189	6160	6333	7086*	7414*			O.C.D.E. - EUROPE (non compris la Yougoslavie)
2034	2166	2532	2530	2408	2594	2037	2657	2752			COMMUNAUTE ECONOMIQUE EUROPÉENNE - TOTAL
-	-	-	-	-	-	-	-	-			BELGIQUE
-	-	-	-	-	-	-	-	-			LUXEMBOURG
-	-	-	-	-	-	-	-	-			DANEMARK
5	5	6	9	8	9	13	14	19			FRANCE
-	-	-	-	-	-	-	-	-			ALLEMAGNE
-	-	-	-	-	-	-	-	-			IRLANDE
2029	2161	2526	2521	2400	2585	2024	2643	2733			ITALIE
-	-	-	-	-	-	-	-	-			PAYS-BAS
-	-	-	-	-	-	-	-	-			ROYAUME-UNI
3552	3302	3370	3729	3781	3566	4296	4429*	4662*			AUTRES PAYS EUROPÉENS DE L'O.C.D.E. (non compris la Yougoslavie)
-	-	-	-	-	-	-	-	-			AUTRICHE
-	-	-	-	-	-	-	-	-	-		FINLANDE
642	453	569	632	503	530	704	587*	778*	-		GRÈCE
-	-	-	-	-	-	-	-	-			ISLANDE
157	157	141	140	105	133	177	181	180*			NORVÈGE
2297	2147	1981	2346	2436	2209	2687	2970	2804			PORTUGAL
-	-	-	-	-	-	-	-	-			ESPAGNE
-	-	-	-	-	-	-	-	-			SUÈDE
454	545	679	611	656	694	728	691	900			SUISSE
											TURQUIE
1	1	1	1	2	2	2	2	3			YOUGOSLAVIE

PRODUCTION (Thousand metric tons) - PRODUCTION (Milliers de tonnes métriques)

FRUIT EXCLUDING CITRUS - FRUITS AUTRES QUE LES AGRUMES

	1955	1956	1957	1958	1959	1960	1961	1962	1963	1964	1965
O.E.C.D. - TOTAL (excluding Yugoslavia)	30948*	33676*	28563*	37857*	35013	38611	38266	40002	41921	42611	41999
O.E.C.D. NORTH AMERICA	11745	11425	11148	12024	11944	11492	12033	12121	12415	12732	13039
CANADA	614	410	503	570	510	517	564	606	683	664	657
UNITED STATES	11131	11015	10645	11454	11434	10975	11469	11515	11732	12068	12382
JAPAN	1035	1480	1622	1601	1763	1904	2105	2106	2332	2358	2360
OCEANIA	784*	700*	805*	819*	854	862	975	1001	1054	1073	1131
AUSTRALIA	695*	597*	711*	707*	750	747	853	864	930	919	973
NEW ZEALAND	89	103	94	112	104	115	122	137	124	154	158
O.E.C.D. - EUROPE (excluding Yugoslavia)	17384	20071	14988	23413	20452	24353	23153	24774	26120	26448	25469
EUROPEAN ECONOMIC COMMUNITY - TOTAL	8401	9522	6518	11550	9708	12822	11380	12538	13988	13707	12949
BELGIUM	505	430	230	371	285	300	275	268	245	356	265
LUXEMBOURG	5	12	4	15	10	42	9	20	22	15	18
DENMARK	141	159	185	195	190	183	139	136	151	164	159
FRANCE	1359	1297	1012	1452	1385	1766	1918	2092	2436	2337	2520
GERMANY	1668	2505	888	3622	1697	3939	2226	2710	3349	2423	2231
IRELAND	20	20	21	21	21	29	14	38	41	31	28
ITALY	3528	3690	3251	4255	4773	4832	5620	5774	6237	6521	6229
NETHERLANDS	442	527	254	730	549	667	516	454	522	837	574
UNITED KINGDOM	733	882	673	889	858	1064	663	1046	985	1023	925
OTHER O.E.C.D. EUROPE (excluding Yugoslavia)	8983	10549	8470	11863	10654	11531	11773	12236	12132	12741	12520
AUSTRIA	650	791	258	1455	401	1271	1019	760	853	851	477
FINLAND	58	55	57	62	48	77	67	66	50	72	45
GREECE	688	813	882	826	883	758	1092	1047	1139	1338	1215
ICELAND	-	-	-	-	-	-	-	-	-	-	-
NORWAY	90	123	95	124	127	160	104	122	113	113	92
PORTUGAL	2085	1999	1749	1503	1586	1987	1549	2165	2326	2417	2531
SPAIN	1903	2136	2059	2285	2266	2386	2605	2363	2740	2764	2740
SWEDEN	240	381	359	427	328	258	181	243	218	273	204
SWITZERLAND	825	767	281	1316	702	1015	749	956	782	839	621
TURKEY	2444	3484	2730	3865	4313	3619	4407	4514	3911	4074	4595
YUGOSLAVIA	2756	1365	2265	2527	3040	1657	3022	2806	2943	2961	2278

TREE NUTS - FRUITS À COQUE

	1955	1956	1957	1958	1959	1960	1961	1962	1963	1964	1965
O.E.C.D. - TOTAL (excluding Yugoslavia)	1362	1301	1419	1437	1606	1391	1768	1402	1588	1718	1503
O.E.C.D. NORTH AMERICA	179	200	170	184	207	208	249	160	309	242	264
CANADA	-	-	-	-	-	-	-	-	-	-	-
UNITED STATES	179	200	170	184	207	208	249	160	309	242	264
JAPAN	31	30	29	28	27	28	28	28	24	29	26
OCEANIA	1	1	1	1	1	1	1	1	1	1	1
AUSTRALIA	1	1	1	1	1	1	1	1	1	1	1
NEW ZEALAND	-	-	-	-	-	-	-	-	-	-	-
O.E.C.D. - EUROPE (excluding Yugoslavia)	1151	1070	1219	1224	1371	1154	1490	1213	1254	1446	1212
EUROPEAN ECONOMIC COMMUNITY - TOTAL	616	500	597	533	676	531	693	470	605	610	528
BELGIUM	1	1	1	1	1	1	1	1	1	1	1
LUXEMBOURG	-	-	-	-	-	-	-	-	-	-	-
DENMARK											
FRANCE	173	130	99	144	148	140	101	128	133	130	69
GERMANY	10	3	2	9	3	9	5	8	10	12	8
IRELAND											
ITALY	428	362	491	375	520	377	582	329	457	463	446
NETHERLANDS											
UNITED KINGDOM	4	4	4	4	4	4	4	4	4	4	4
OTHER O.E.C.D. EUROPE (excluding Yugoslavia)	535	570	622	691	605	623	797	743	649	836	684
AUSTRIA	8	2	2	8	2	6	7	7	8	7	4
FINLAND	-	-	-	-	-	-	-	-	-	-	-
GREECE	44	38	50	37	44	35	74	63	61	60	68
ICELAND	-	-	-	-	-	-	-	-	-	-	-
NORWAY	-	-	-	-	-	-	-	-	-	-	-
PORTUGAL	58	42	77	79	90	88	95	82	70	138	121
SPAIN	252	205	308	284	209	304	341	313	272	276	282
SWEDEN	-	-	-	-	-	-	-	-	-	-	-
SWITZERLAND	6	3	1	7	3	6	5	6	6	11	5
TURKEY	167	280	184	276	257	184	275	272	232	344	204
YUGOSLAVIA	36	18	19	36	34	21	45	42	41	40	32

FRUIT EXCLUDING CITRUS - FRUITS AUTRES QUE LES AGRUMES

1966	1967	1968	1969	1970	1971	1972	1973	1974	1975	1976	
42404*	42542*	45343*	46103*	45962*	46611*	41999*	46376*	45031*			O.C.D.E. - TOTAL (non compris la Yougoslavie)
12424	11160	12314	13335	12192	12776	10708	12997	13323*			O.C.D.E. AMÉRIQUE DU NORD
712	714	649	628	624	643	574	581	623	655		CANADA
11712	10446	11665	12707	11568	12133	10134	12416	12700*			ÉTATS-UNIS
2444	2719	2723	2597	2405	2358	2359	2173	2106*			JAPON
1182	1195	1178	1270	1365	1240	1260	1121*	1157*			OCÉANIE
1004	1024	1001	1102	1160	1055	1042	900*	930*			AUSTRALIE
178	171	177	168	205	185	218	221	227			NOUVELLE ZÉLANDE
26354*	27468*	29128*	28901*	29910*	30237*	27672*	30085*	28445*			O.C.D.E. - EUROPE (non compris la Yougoslavie)
14205*	14386*	15299*	15479*	15879*	15534*	13421	15240*	14456*			COMMUNAUTE ECONOMIQUE EUROPÉENNE - TOTAL
298	390	356	445	432	411	370	331	364*			BELGIQUE
19	26	18	19	17	14	15	14	15*			LUXEMBOURG
144	158	164	163	160	146	125	145	145*			DANEMARK
2463	2760	3272	3143	3342	3369	3161	3685	2930			FRANCE
2783	3261	3376	3622	3190	3192	2216	3152	2284			ALLEMAGNE
25	24	27	30	41	29	23	25	25*			IRLANDE
7151	6450	6519	6419	6989	6520	5993	6318	7101			ITALIE
585	697	656	708	752	750	591	597	622			PAYS-BAS
737*	620*	910*	929*	956*	1103*	927	973*	970*			ROYAUME-UNI
12149	13082	13829	13422	14031	14703	14251*	14845*	13989*			AUTRES PAYS EUROPÉENS DE L'O.C.D.E. (non compris la Yougoslavie)
744	649	715	720	657	540	367	637	672			AUTRICHE
42	73	49	54	63	61	57	50	94			FINLANDE
1441	1522	1601	1539	1641	1668	1649*	1774*	1653*	60*		GRÈCE
-	-	-	-	-	-	-	-	-	-		ISLANDE
102	105	137	123	115	116	122	96	128*			NORVÈGE
1655	1890	2118	1659	2175	1758	1453	1479*	145*			PORTUGAL
2813	2309	2757	2923	2679	3886	4223	4441	4835			ESPAGNE
202	267	248	208	249	241	233	225*	218*			SUÈDE
777	1087	684	963	759	768	608	846	800*			SUISSE
4373	5180	5520	5233	5693	5665	5539	5297	5444			TURQUIE
2979	2835	3052	4064	3036	3043	3194	3388	3200*			YOUGOSLAVIE

TREE NUTS - FRUITS À COQUE

1966	1967	1968	1969	1970	1971	1972	1973	1974	1975	1976	
1697	1550	1752	1646	1824	1689	1746	1869*	1973*			O.C.D.E. - TOTAL (non compris la Yougoslavie)
253	254	253	319	298	373	318	422	390	443		O.C.D.E. AMÉRIQUE DU NORD
-	-	-	-	-	-	-	-	-	-		CANADA
253	254	253	319	298	373	318	422	390	443		ÉTATS-UNIS
34	40	48	49	48	50	56	63	60*			JAPON
1	1	1	1	1	1	1	1*	1*			OCÉANIE
1	1	1	1	1	1	1	1*	1*			AUSTRALIE
-	-	-	-	-	-	-	-	-			NOUVELLE ZÉLANDE
1409	1255	1450	1277	1477	1265	1371	1383*	1522*			O.C.D.E. - EUROPE (non compris la Yougoslavie)
572	575	613	489	506	444	412	388	419*			COMMUNAUTE ECONOMIQUE EUROPÉENNE - TOTAL
1	1	1	1	1	1	1	1	1*			BELGIQUE
-	-	-	-	-	-	-	-	-			LUXEMBOURG
-	-	-	-	-	-	-	-	-			DANEMARK
79	75	61	69	66	54	-	73	49			FRANCE
13	11	11	13	14	12	7	16	7			ALLEMAGNE
-	-	-	-	-	-	-	-	-			IRLANDE
475	484	536	402	461	373	339	294	357			ITALIE
-	-	-	-	-	-	-	-	-			PAYS-BAS
4	4	4	4	4	4	4	4	4*			ROYAUME-UNI
837	680	837	788	931	822	960	996*	1105*			AUTRES PAYS EUROPÉENS DE L'O.C.D.E. (non compris la Yougoslavie)
6	5	5	10	11	8	6	13	8			AUTRICHE
-	-	-	-	-	-	-	-	-			FINLANDE
70	80	77	68	69	67	71	74*	76*			GRÈCE
-	-	-	-	-	-	-	-	-			ISLANDE
-	-	-	-	-	-	-	-	-			NORVÈGE
158	136	160	163	142	152	135	150*	150*			PORTUGAL
265	219	264	214	239	245	334	308	404			ESPAGNE
-	-	-	-	-	-	-	-	-			SUÈDE
7	6	8	1	9	7	7	9	9*			SUISSE
331	234	323	325	440	342	407	441	458			TURQUIE
36	33	27	43	38	35	29	52	32			YOUGOSLAVIE

WINE - VIN

	1955	1956	1957	1958	1959	1960	1961	1962	1963	1964	1965

AREA (Thousand hectares)

	1955	1956	1957	1958	1959	1960	1961	1962	1963	1964	1965
O.E.C.D. - TOTAL (excluding Yugoslavia)											
O.E.C.D. NORTH AMERICA											
CANADA											
UNITED STATES											
JAPAN											
OCEANIA											
AUSTRALIA											
NEW ZEALAND											
O.E.C.D. - EUROPE (excluding Yugoslavia)											
EUROPEAN ECONOMIC COMMUNITY - TOTAL											
BELGIUM											
LUXEMBOURG											
DENMARK											
FRANCE											
GERMANY											
IRELAND											
ITALY											
NETHERLANDS											
UNITED KINGDOM											
OTHER O.E.C.D. EUROPE (excluding Yugoslavia)											
AUSTRIA											
FINLAND											
GREECE											
ICELAND											
NORWAY											
PORTUGAL											
SPAIN											
SWEDEN											
SWITZERLAND											
TURKEY											
YUGOSLAVIA											

PRODUCTION (Thousand metric tons)

	1955	1956	1957	1958	1959	1960	1961	1962	1963	1964	1965
O.E.C.D. - TOTAL (excluding Yugoslavia)	16773*	16281*	12145*	16674*	17331*	17392*	14891*	20691*	17536*	20433*	20558*
O.E.C.D. NORTH AMERICA	1111*	971*	896*	1114*	1074*	1064*	1073*	1181*	1356*	1193*	1538*
CANADA	26*	25*	25*	30*	30*	31*	30*	30*	30*	30*	30*
UNITED STATES	1085*	946*	871*	1084*	1044*	1033*	1043*	1151*	1326*	1163*	1508*
JAPAN	10	13	12	8	10	9	11	14	13	6	10
OCEANIA	111	106	142	161	151	133	158	195	142	178	184
AUSTRALIA	109	104	140	158	148	129	154	190	136	171	176
NEW ZEALAND	2	2	2	3	3	4	4	5	6	7	8
O.E.C.D. - EUROPE (excluding Yugoslavia)	15541	15190	11095	15391	16095	16186	13649	19301	16025	19056	18826
EUROPEAN ECONOMIC COMMUNITY - TOTAL	12130	11447	7783	11944	12921	12407	10266	14714	11577	13507	14024
BELGIUM	-	-	-	-	-	-	-	-	-	-	-
LUXEMBOURG	12	7	5	14	14	14	12	13	16	16	11
DENMARK	-	-	-	-	-	-	-	-	-	-	-
FRANCE	6032	5048	3267	4649	5838	6115	4648	7309	5593	6077	6671
GERMANY	241	93	226	480	430	743	357	393	603	719	520
IRELAND	-	-	-	-	-	-	-	-	-	-	-
ITALY	5844	6298	4284	6800	6638	5534	5248	6999	5364	6695	6821
NETHERLANDS	1	1	1	1	1	1	1	1	1	1	1
UNITED KINGDOM	-	-	-	-	-	-	-	-	-	-	-
OTHER O.E.C.D. EUROPE (excluding Yugoslavia)	3411	3743	3312	3447	3174	3779	3383	4587	4448	5549	4802
AUSTRIA	105	35	127	171	66	81	120	91	164	284	139
FINLAND	-	-	-	-	-	-	-	-	-	-	-
GREECE	389	433	436	349	356	307	364	407	279	359	406
ICELAND	-	-	-	-	-	-	-	-	-	-	-
NORWAY	-	-	-	-	-	-	-	-	-	-	-
PORTUGAL	1134	1097	958	859	892	1146	742	1527	1298	1360	1475
SPAIN	1685	2114	1737	1983	1728	2126	2048	2451	2584	3418	2645
SWEDEN	-	-	-	-	-	-	-	-	-	-	-
SWITZERLAND	75	41	38	61	99	103	80	78	88	91	90
TURKEY	25	23	16	25	34	17	29	34	35	39	47
YUGOSLAVIA	530	322	421	578	460	335	426	515	590	585	515

WINE - VIN

1966	1967	1968	1969	1970	1971	1972	1973	1974	1975	1976	

SUPERFICIE (Milliers d'hectares)

1966	1967	1968	1969	1970	1971	1972	1973	1974	1975	1976	
											O.C.D.E. - TOTAL (non compris la Yougoslavie)
											O.C.D.E. AMÉRIQUE DU NORD
											CANADA
											ÉTATS-UNIS
											JAPON
											OCÉANIE
											AUSTRALIE
											NOUVELLE ZÉLANDE
											O.C.D.E. - EUROPE (non compris la Yougoslavie)
											COMMUNAUTÉ ECONOMIQUE EUROPÉENNE - TOTAL
											BELGIQUE
											LUXEMBOURG
											DANEMARK
											FRANCE
											ALLEMAGNE
											IRLANDE
											ITALIE
											PAYS-BAS
											ROYAUME-UNI
											AUTRES PAYS EUROPÉENS DE L'O.C.D.E. (non compris la Yougoslavie)
											AUTRICHE
											FINLANDE
											GRÈCE
											ISLANDE
											NORVÈGE
											PORTUGAL
											ESPAGNE
											SUÈDE
											SUISSE
											TURQUIE
											YOUGOSLAVIE

PRODUCTION (Milliers de tonnes métriques)

1966	1967	1968	1969	1970	1971	1972	1973	1974	1975	1976	
19158*	19701*	19422*	18625*	21521*	19334*	18420*	24973*	23636*			O.C.D.E. - TOTAL (non compris la Yougoslavie)
1229*	1179*	1189*	1473*	1211*	1734*	1016*	1683*	1577*			O.C.D.E. AMÉRIQUE DU NORD
30*	42*	36*	38*	44*	53*	51*	53*	55*			CANADA
1199*	1137*	1153*	1435*	1167*	1681*	965*	1630*	1522*			ÉTATS-UNIS
10	19	23	17	15	16	17*	22*	22*			JAPON
164	199	215	251	306	272	298	208*	232*			OCÉANIE
155	189	201	235	287	251	276	170*	202*			AUSTRALIE
9	10	14	16	19	21	22	38	30*			NOUVELLE ZÉLANDE
17755	18304	17995	16884	19989	17313	17088	23060	21805*			O.C.D.E. - EUROPE (non compris la Yougoslavie)
13125	14224	13720	12778	15371	13251	12738	17083	16022*			COMMUNAUTÉ ECONOMIQUE EUROPÉENNE - TOTAL
-	1	1	1	1	1	1	1	-*			BELGIQUE
13	12	12	12	24	11	14	19	14			LUXEMBOURG
-	-	-	-	-	-	-	-	-			DANEMARK
6117	6107	6545	4983	7447	6182	5911	8316	7627			FRANCE
524	630	629	615	1011	636	793	1075	690	930*		ALLEMAGNE
-	-	-	-	-	-	-	-	-			IRLANDE
6471	7473	6532	7166	6887	6421	6017	7672	7690			ITALIE
1	1	1	1	1	1	1	1	1*			PAYS-BAS
-	-	-	-	-	-	-	-	-			ROYAUME-UNI
4630	4080	4275	4106	4618	4062	4351	5977	5783			AUTRES PAYS EUROPÉENS DE L'O.C.D.E. (non compris la Yougoslavie)
145	259	248	227	310	181	260	240	167			AUTRICHE
-	-	-	-	-	-	-	-	-	-		FINLANDE
305	383	411	489	453	441	470	461	484			GRÈCE
-	-	-	-	-	-	-	-	-	-		ISLANDE
-	-	-	-	-	-	-	-	-			NORVÈGE
893	974	1169	808	1123	884	820	1109	1387			PORTUGAL
3075	2331	2313	2462	2561	2433	2656	3094	3619			ESPAGNE
-	-	-	-	-	-	-	-	-			SUÈDE
77	89	96	74	115	82	93	120	72			SUISSE
44	43	38	47	44	42	52	53	54			TURQUIE
569	523	608	706	540	555	626	771	581			YOUGOSLAVIE

YIELDS

hundred kilogrammes per hectare

WHEAT (INCLUDING SPELT - BLÉ (Y COMPRIS L'ÉPAUTRE))

	1955	1956	1957	1958	1959	1960	1961	1962	1963	1964	1965
O.E.C.D. - TOTAL (excluding Yugoslavia)	14.2	13.5	15.1	16.5	15.2	16.5	14.4	17.2	17.2	17.1	17.6
O.E.C.D. NORTH AMERICA	12.2	12.5	13.9	16.6	13.8	16.5	13.3	15.8	17.2	15.9	17.0
CANADA	10.0	10.0	12.2	12.1	12.2	14.2	7.5	14.2	17.6	13.6	15.4
UNITED STATES	13.3	13.6	14.7	18.5	14.5	17.6	16.1	16.8	16.9	17.3	17.9
JAPAN	22.1	20.9	21.5	21.4	23.6	25.4	27.4	25.4	12.3	24.5	27.0
OCEANIA	13.1	11.6	7.6	14.0	11.2	14.0	11.6	12.7	13.6	14.1	10.2
AUSTRALIA	12.9	11.5	7.4	13.9	11.0	13.7	11.3	12.5	13.4	13.8	10.0
NEW ZEALAND	26.6	25.8	29.7	29.8	30.4	35.9	33.3	28.4	27.4	33.0	33.8
O.E.C.D. - EUROPE (excluding Yugoslavia)	16.2	14.9	17.2	16.8	17.4	16.8	16.2	19.5	18.3	19.2	20.0
EUROPEAN ECONOMIC COMMUNITY - TOTAL	23.2	21.9	23.0	22.6	24.9	23.7	24.0	28.8	25.7	28.7	29.8
BELGIUM	38.9	33.2	37.6	37.0	39.1	37.8	34.8	39.8	37.8	41.6	37.6
LUXEMBOURG	20.9	20.7	20.5	19.2	22.3	24.2	21.9	22.7	27.7	20.5	25.8
DENMARK	37.8	40.4	42.6	35.6	41.4	39.0	41.3	41.8	36.6	42.3	44.4
FRANCE	22.8	20.7	23.7	20.8	26.0	25.3	24.0	30.8	26.6	31.5	32.7
GERMANY	28.0	29.3	30.5	27.5	32.1	34.5	28.0	33.8	34.1	34.9	29.9
IRELAND	28.0	31.6	31.7	20.6	32.4	31.7	33.6	34.6	32.0	31.2	31.5
ITALY	19.6	17.8	17.3	20.3	18.2	14.9	19.1	20.8	18.5	19.5	22.8
NETHERLANDS	39.3	35.9	39.7	36.3	41.1	46.1	39.2	45.3	41.8	47.2	43.7
UNITED KINGDOM	33.5	31.2	31.9	30.8	36.2	35.7	35.4	43.5	39.1	42.5	40.7
OTHER O.E.C.D. EUROPE (excluding Yugoslavia)	10.3	10.0	12.3	12.0	11.4	11.3	10.3	12.1	12.8	11.8	12.3
AUSTRIA	22.5	22.7	22.3	20.9	22.0	25.4	25.8	26.2	25.1	26.5	23.9
FINLAND	15.3	14.9	15.6	16.9	17.5	20.3	19.4	14.7	16.6	17.3	18.8
GREECE	12.9	11.7	15.8	16.1	15.2	14.6	13.0	14.4	13.1	16.5	16.5
ICELAND	..	..	..	..	..	..	..	..	..	..	..
NORWAY	18.1	26.6	21.4	21.0	22.1	25.4	27.4	20.3	25.3	28.9	29.5
PORTUGAL	6.3	7.1	9.8	10.0	7.4	6.7	6.5	8.9	8.0	6.9	9.8
SPAIN	9.3	9.7	11.2	10.4	10.6	8.3	8.8	11.3	11.5	9.6	11.1
SWEDEN	20.0	23.6	21.3	21.0	25.9	30.0	32.8	30.7	30.2	41.1	37.5
SWITZERLAND	31.0	24.4	27.7	29.8	29.8	34.6	27.2	38.3	28.2	36.3	32.3
TURKEY	9.8	8.7	11.6	11.5	10.4	11.0	9.1	10.8	12.7	10.5	10.7
YUGOSLAVIA	12.8	9.9	15.7	12.3	19.4	17.3	16.2	16.5	19.3	17.6	20.6

RYE AND MIXED WINTER CEREALS - SEIGLE ET MÉLANGES DE CÉRÉALES D'HIVER

	1955	1956	1957	1958	1959	1960	1961	1962	1963	1964	1965
O.E.C.D. - TOTAL (excluding Yugoslavia)	15.0*	15.8	16.5	16.6	17.0	17.7	14.5	16.9	17.4	18.1*	16.7
O.E.C.D. NORTH AMERICA	9.6	8.6	10.2	11.1	9.9	12.1	10.1	12.7	11.8	11.8	14.1
CANADA	11.7	9.7	9.7	9.4	9.9	11.4	7.3	12.1	12.3	11.1	14.0
UNITED STATES	8.9	8.2	10.4	11.6	9.9	12.3	11.1	12.9	11.5	12.0	14.2
JAPAN	8.0	6.5	3.8	3.2	16.0	16.0	20.0	20.0	20.0	20.0	20.0
OCEANIA	3.9	4.3	3.1	5.5	3.8	4.7	4.4	4.3	4.3	4.8	4.2
AUSTRALIA	3.9	4.3	3.1	5.5	3.8	4.7	4.4	4.3	4.3	4.8	4.2
NEW ZEALAND	..	..	..	..	..	..	..	..	..	..	..
O.E.C.D. - EUROPE (excluding Yugoslavia)	16.5*	17.3	17.9	17.9	18.4	19.0	15.5	18.2	19.0	20.0*	17.4
EUROPEAN ECONOMIC COMMUNITY - TOTAL	21.5	22.7	23.4	22.7	24.3	25.9	20.7	25.2	25.7	28.7	23.7
BELGIUM	29.6	29.0	28.6	28.8	31.2	29.7	27.5	30.8	30.0	32.2	29.3
LUXEMBOURG	16.8	22.5	21.5	22.0	22.5	23.8	20.0	26.0	26.0	21.0	21.8
DENMARK	24.8	26.9	27.0	24.9	23.9	28.9	28.1	29.4	27.6	31.4	30.0
FRANCE	11.5	12.8	13.3	12.5	14.4	14.1	13.4	14.8	15.4	17.6	17.6
GERMANY	23.0	24.5	25.3	24.3	26.5	28.1	20.7	26.4	27.7	30.6	24.3
IRELAND	26.0	25.0	20.0	23.0	20.0	20.0	10.0	10.0	10.0	10.0	10.0
ITALY	15.4	14.4	13.0	15.5	15.5	14.8	16.0	16.6	14.5	16.8	17.3
NETHERLANDS	30.2	28.8	29.2	29.5	26.8	30.1	25.1	31.7	29.6	33.6	25.5
UNITED KINGDOM	23.8	22.7	24.0	23.3	21.7	25.7	22.5	24.3	27.5	31.3	30.0
OTHER O.E.C.D. EUROPE (excluding Yugoslavia)	10.6*	10.8	11.4	12.0	11.6	11.2	10.2	11.5	12.2	11.4*	11.6
AUSTRIA	19.4	20.4	19.0	19.3	19.1	20.7	22.3	22.5	20.7	23.4	20.1
FINLAND	13.8	13.9	13.6	14.6	15.7	16.8	13.5	12.4	16.3	15.8	17.1
GREECE	9.3	8.9	9.6	9.5	8.2	9.7	8.8	9.1	9.0	10.0	10.0
ICELAND	..	..	..	..	..	..	..	..	..	..	..
NORWAY	15.0	25.0	13.0	10.0	23.0	37.0	28.0	40.0	26.0	19.0	16.0
PORTUGAL	6.1	6.7	7.9	8.3	6.4	5.1	4.0	5.5	6.8	5.4	6.6
SPAIN	8.1*	8.4	8.7	9.3	9.8	7.5	7.2	9.3	9.6	8.5*	8.8
SWEDEN	17.2	21.0	19.6	17.9	21.1	24.8	24.6	24.3	20.8	29.2	28.5
SWITZERLAND	26.8	25.3	46.6	56.9	57.8	33.1	29.2	30.3	31.2	36.4	34.6
TURKEY	10.1	8.8	10.7	11.7	10.1	10.4	8.7	10.3	13.0	10.5	10.6
YUGOSLAVIA	9.6	8.2	10.8	9.7	11.3	11.1	10.5	9.7	10.1	11.1	10.9

quintaux par hectare

WHEAT (INCLUDING SPELT - BLÉ (Y COMPRIS L'ÉPAUTRE))

1966	1967	1968	1969	1970	1971	1972	1973	1974	1975	1976	
18.2	17.3	18.6	19.2	19.6	21.9	20.7	20.7*	20.4*			O.C.D.E. - TOTAL (non compris la Yougoslavie)
18.1	16.0	17.6	19.7	20.2	21.5	20.4	19.9	17.5			O.C.D.E. AMÉRIQUE DU NORD
18.7	13.2	14.9	18.1	17.9	18.3	16.8	16.9	14.9			CANADA
17.7	17.4	19.1	20.6	20.9	22.8	22.0	21.3	18.4	20.6		ÉTATS-UNIS
24.3	27.2	31.4	26.4	20.1	26.5	24.9	26.9	28.0			JAPON
15.3	8.6	13.9	11.4	12.4	12.2	8.8	13.6	14.0*	11.6*		OCÉANIE
15.1	8.3	13.7	11.1	12.2	11.9	8.5	13.3	13.8*	11.5*		AUSTRALIE
36.0	27.4	34.8	35.1	26.6	33.2	36.7	34.8	34.0	34.3		NOUVELLE ZÉLANDE
19.2	22.2	21.7	21.4	21.0	25.0	24.7	24.2*	26.4*			O.C.D.E. - EUROPE (non compris la Yougoslavie)
27.4	33.1	32.2	31.9	31.1	35.9	37.1	38.0	40.2	36.2*		COMMUNAUTE ECONOMIQUE EUROPÉENNE - TOTAL
26.7	43.5	41.5	38.6	39.3	45.5	45.0	50.0	52.2	38.4		BELGIQUE
22.8	32.7	29.9	33.9	25.5	32.4	32.2	31.1	30.9	24.4		LUXEMBOURG
42.6	46.7	47.9	43.7	45.0	48.4	43.9	44.1	53.3	51.2		DANEMARK
28.3	36.4	36.6	35.8	34.5	38.9	45.7	45.0	46.2	38.9		FRANCE
35.0	39.2	45.8	44.2	40.1	41.8	39.4	43.2	46.2	43.4		ALLEMAGNE
22.0	23.9	22.6	22.7	23.4	25.6	24.8	24.8	44.5	43.3*		IRLANDE
40.4	48.0	44.4	43.7	45.1	49.7	43.2	52.5	26.1	27.1		ITALIE
38.4	41.8	35.5	40.4	41.9	43.9	42.4	43.6	57.4	49.3		PAYS-BAS
								49.7	42.8		ROYAUME-UNI
13.0	14.4	13.7	13.5	13.1	16.7	15.2	13.6*	15.6*			AUTRES PAYS EUROPÉENS DE L'O.C.D.E. (non compris la Yougoslavie)
28.6	33.1	34.1	33.2	29.5	35.6	31.5	35.3	41.0			AUTRICHE
17.6	20.1	21.4	23.6	23.3	25.6	25.8	24.6	27.3	28.4		FINLANDE
17.8	18.4	14.3	16.0	19.8	19.9	20.0	19.7*	23.3*			GRÈCE
..	..	..	..	..	..	..	..	..	..		ISLANDE
20.5	35.0	32.8	27.8	29.0	34.7	38.7	39.6	44.4			NORVÈGE
6.0	10.9	14.5	9.6	11.1	15.6	12.4	11.7	11.5	13.1		PORTUGAL
11.6	13.3	13.4	12.3	11.0	14.9	12.7	12.6	14.3			ESPAGNE
30.3	44.5	43.3	34.6	36.3	40.6	42.9	46.1	54.0	41.1		SUÈDE
32.2	40.1	38.9	35.1	35.7	42.7	42.2	37.9	45.9			SUISSE
12.0	12.5	11.5	12.1	11.6	15.5	13.9	11.3	12.6			TURQUIE
25.1	25.6	21.7	24.2	20.1	29.0	25.2	28.0	34.1			YOUGOSLAVIE

RYE AND MIXED WINTER CEREALS - SEIGLE ET MÉLANGES DE CÉRÉALES D'HIVER

1966	1967	1968	1969	1970	1971	1972	1973	1974	1975	1976	
16.8*	19.0*	19.8*	19.0*	18.4*	21.0*	20.9*	20.6*	20.3*			O.C.D.E. - TOTAL (non compris la Yougoslavie)
14.1	12.9	13.5	13.3	15.5	16.5	15.6	15.3	13.8			O.C.D.E. AMÉRIQUE DU NORD
14.9	11.0	12.1	11.2	14.3	14.4	13.4	14.2	14.1			CANADA
13.7	14.1	14.5	14.7	16.2	17.6	16.9	16.0	13.5	13.9		ÉTATS-UNIS
20.0*	10.0*	10.0*	10.0*	10.0*	10.0*	10.0*	10.0*	10.0*			JAPON
4.6	2.9	4.1	3.2	5.5	5.5	3.4	3.0	2.4*			OCÉANIE
4.6	2.9	4.1	3.2	5.4	5.4	3.2	2.9	2.3*			AUSTRALIE
..	..	..	..	..	..	..	..	..	..		NOUVELLE ZÉLANDE
17.6	20.6	21.5	20.9	19.6	23.1	22.5	22.3*	22.6*			O.C.D.E. - EUROPE (non compris la Yougoslavie)
24.5	29.7	30.3	30.3	28.1	32.6	32.4	32.8	34.0*			COMMUNAUTE ECONOMIQUE EUROPÉENNE - TOTAL
25.8	34.5	33.1	35.0	31.1	35.4	36.1	37.2	35.9			BELGIQUE
17.3	34.7	32.5	41.0	31.0	28.5	46.0	37.0	12.0*	12.0*		LUXEMBOURG
29.7	31.2	33.5	33.1	30.4	35.7	36.0	33.3	36.4	32.7		DANEMARK
18.1	20.0	20.2	20.1	21.3	22.8	26.0	26.8	27.7	27.2*		FRANCE
25.7	31.6	32.2	32.1	29.9	34.1	33.5	34.0	35.2	33.2		ALLEMAGNE
10.0	10.0	..	..	..	..	..	..	..	..		IRLANDE
18.1	17.7	17.9	18.6	19.6	18.8	21.1	21.2	21.5	22.0		ITALIE
25.7	32.8	31.9	33.3	30.6	34.8	28.1	33.9	35.4	34.9		PAYS-BAS
27.5	30.0	27.5	27.5	32.5	30.0	32.2	32.6	35.5	32.2		ROYAUME-UNI
11.7	13.2	13.9	13.6	12.3	15.5	14.7	14.5*	14.6*			AUTRES PAYS EUROPÉENS DE L'O.C.D.E. (non compris la Yougoslavie)
25.3	27.2	29.2	29.9	26.5	30.9	28.1	32.6	33.9			AUTRICHE
12.8	16.9	18.6	18.0	19.9	22.3	20.1	23.9	18.4	21.2		FINLANDE
10.7	11.8	10.0	11.3	12.9	11.4	13.3	12.0*	14.6*			GRÈCE
..	..	..	..	..	..	..	..	..	..		ISLANDE
..	23.0	42.0	42.0	24.0	46.0	49.0	34.0	36.7	..		NORVÈGE
5.1	7.3	8.7	7.3	6.9	7.5	7.3	6.5	6.8	8.4		PORTUGAL
9.2	8.4	9.7	9.8	8.3	9.3	9.5	9.5	10.3*			ESPAGNE
22.2	32.3	30.6	25.6	28.4	36.7	34.2	34.1	40.4	33.4		SUÈDE
35.4	42.1	38.7	38.1	36.9	41.8	40.5	39.2	43.6			SUISSE
11.6	12.2	11.9	11.9	9.7	13.7	12.1	11.3	9.3			TURQUIE
12.5	12.4	10.5	11.1	11.3	12.2	11.5	12.2	13.0			YOUGOSLAVIE

YIELDS

hundred kilogrammes per hectare

BARLEY - ORGE

	1955	1956	1957	1958	1959	1960	1961	1962	1963	1964	1965
O.E.C.D. - TOTAL (excluding Yugoslavia)	16.6	18.6	17.3	18.1	18.2	19.8	18.4	21.8	22.2	22.9	23.7
O.E.C.D. NORTH AMERICA	14.4	16.4	14.6	16.0	15.0	16.2	14.5	18.2	19.0	18.9	21.5
CANADA	13.7	17.3	12.4	13.8	14.7	15.2	10.2	16.9	19.3	16.5	19.2
UNITED STATES	14.9	15.8	16.0	17.4	15.2	16.7	16.5	18.8	18.8	20.2	23.1
JAPAN	24.2	23.8	23.1	22.5	25.8	27.5	28.6	28.2	13.4	25.1	29.2
OCEANIA	12.6	13.4	8.6	15.2	8.5	13.8	10.3	11.5	12.7	14.3	10.9
AUSTRALIA	12.3	13.2	8.1	14.8	8.0	13.5	9.8	11.0	12.1	13.4	10.2
NEW ZEALAND	26.6	23.1	27.0	29.9	27.5	28.4	28.7	26.1	27.2	34.5	30.3
O.E.C.D. - EUROPE (excluding Yugoslavia)	18.5	20.4	20.1	19.9	21.1	22.5	21.1	24.3	24.9	25.4	25.5
EUROPEAN ECONOMIC COMMUNITY - TOTAL	26.6	28.8	27.0	26.3	28.4	30.3	27.7	32.4	31.8	33.4	33.1
BELGIUM	34.2	31.6	34.4	33.5	36.2	36.1	33.7	39.0	35.9	40.3	35.6
LUXEMBOURG	22.1	21.6	20.1	23.3	23.7	25.3	27.0	25.7	28.3	20.6	30.3
DENMARK	36.1	37.1	37.0	34.5	31.1	37.1	35.1	39.8	36.2	41.0	39.6
FRANCE	20.3	28.1	22.1	21.8	24.8	27.4	24.0	27.6	29.1	28.8	30.4
GERMANY	25.9	26.3	27.9	26.7	29.0	31.9	23.6	31.9	30.2	32.9	27.4
IRELAND	29.1	33.3	31.5	26.9	34.0	33.2	35.3	36.8	33.8	29.9	32.8
ITALY	12.0	11.6	12.9	13.2	12.6	10.7	12.7	13.6	13.7	12.8	15.3
NETHERLANDS	37.7	37.3	40.5	38.5	37.3	42.2	37.4	43.1	38.3	43.2	37.7
UNITED KINGDOM	32.1	30.3	28.3	28.9	33.0	31.6	32.6	36.4	35.2	36.9	37.5
OTHER O.E.C.D. EUROPE (excluding Yugoslavia)	12.1	12.1	14.0	13.9	13.7	14.4	13.4	14.9	16.4	15.0	15.3
AUSTRIA	22.2	22.9	22.7	19.4	22.8	28.2	27.2	28.8	27.0	26.7	23.8
FINLAND	14.9	14.8	11.2	18.2	14.2	20.7	18.2	13.2	18.8	14.7	19.9
GREECE	10.8	11.1	12.1	13.6	11.7	13.3	11.7	12.5	11.8	14.5	16.7
ICELAND	-	-	-	-	-	-	-	-	-	-	-
NORWAY	20.7	27.3	23.4	23.5	21.6	27.6	27.8	20.9	25.9	26.4	25.7
PORTUGAL	4.8	5.1	6.5	6.7	4.8	4.2	4.1	5.4	4.9	4.1	5.7
SPAIN	11.2	9.8	12.3	11.7	14.4	10.9	12.0	14.9	14.3	14.0	13.8
SWEDEN	18.7	25.0	21.0	22.3	20.7	27.3	28.4	27.0	25.7	30.9	31.0
SWITZERLAND	28.8	30.2	29.1	29.7	30.4	30.3	31.8	35.6	29.7	35.0	30.5
TURKEY	11.3	11.1	13.9	13.3	12.0	13.0	10.6	12.5	15.0	11.6	11.9
YUGOSLAVIA	11.5	9.7	14.8	12.1	15.2	14.6	15.4	13.5	15.0	14.5	16.8

OATS AND MIXED SUMMER CEREALS - AVOINE ET MÉLANGES DE CÉRÉALES D'ÉTÉ

	1955	1956	1957	1958	1959	1960	1961	1962	1963	1964	1965
O.E.C.D. - TOTAL (excluding Yugoslavia)	15.1	15.5	15.0	16.6	15.3	17.0	16.2	17.8	18.1	17.6	18.8
O.E.C.D. NORTH AMERICA	13.9	13.7	13.8	15.8	14.1	15.8	14.7	16.9	17.1	16.0	18.3
CANADA	14.4	17.3	14.5	15.1	15.1	16.2	13.4	18.2	18.7	17.2	18.9
UNITED STATES	13.7	12.4	13.6	16.1	13.7	15.6	15.2	16.2	16.3	15.5	18.0
JAPAN	17.3	19.1	20.2	21.8	22.2	20.4	20.5	17.9	19.7	17.5	22.1
OCEANIA	7.7	6.4	5.1	9.9	7.1	9.5	8.2	9.5	9.1	9.1	7.4
AUSTRALIA	7.6	6.2	4.8	9.8	6.9	9.4	8.0	9.4	9.0	9.0	7.2
NEW ZEALAND	22.4	20.8	22.8	22.1	20.4	23.6	23.7	24.4	23.4	25.5	28.3
O.E.C.D. - EUROPE (excluding Yugoslavia)	18.8	19.9	18.7	19.2	18.6	20.7	20.1	20.9	21.6	22.1	22.1
EUROPEAN ECONOMIC COMMUNITY - TOTAL	23.0	23.6	22.1	23.0	22.8	24.0	23.3	25.4	25.9	26.5	26.4
BELGIUM	32.4	30.6	30.8	31.2	30.0	32.0	32.8	34.5	34.5	35.7	31.4
LUXEMBOURG	21.9	21.0	17.7	21.1	21.6	24.7	25.0	23.7	27.6	20.2	24.6
DENMARK	29.7	31.3	30.8	29.7	25.0	31.3	32.1	34.5	33.9	37.3	36.8
FRANCE	18.3	21.2	16.9	18.9	19.8	19.2	17.9	19.3	22.1	21.3	23.6
GERMANY	24.9	25.3	24.4	25.4	24.3	28.4	25.4	28.2	28.9	29.5	27.2
IRELAND	26.1	25.7	23.5	24.6	25.8	24.8	25.6	28.3	27.5	26.7	28.2
ITALY	12.1	12.0	13.9	13.7	13.1	10.5	13.7	14.5	13.7	12.1	14.4
NETHERLANDS	33.8	31.0	31.4	29.3	24.4	32.4	33.5	37.8	36.5	39.8	34.8
UNITED KINGDOM	26.6	24.4	23.1	24.3	27.2	26.3	26.6	29.1	28.0	29.8	30.1
OTHER O.E.C.D. EUROPE (excluding Yugoslavia)	11.2	13.3	13.2	13.6	12.3	15.7	15.3	14.1	15.2	15.9	16.4
AUSTRIA	19.3	20.1	18.6	18.8	19.2	21.4	21.7	22.2	22.8	23.1	20.3
FINLAND	13.7	14.1	16.8	18.0	14.9	22.6	19.8	13.4	18.5	15.6	21.5
GREECE	10.4	9.9	12.5	11.6	10.6	11.2	9.4	10.3	10.1	11.5	12.3
ICELAND	..	..	..	..	..	..	..	..	..	..	..
NORWAY	16.8	27.8	22.2	22.2	18.1	26.7	27.9	20.1	25.6	24.2	24.5
PORTUGAL	2.7	3.2	4.2	4.7	2.9	2.0	2.4	3.6	3.3	2.8	3.6
SPAIN	8.3	7.3	9.1	9.0	9.2	7.8	8.5	9.3	8.8	7.7	7.4
SWEDEN	13.5	21.8	17.4	17.6	15.9	25.9	26.7	24.7	24.0	29.7	29.6
SWITZERLAND	27.7	27.5	29.8	29.3	29.6	31.9	31.8	34.5	30.1	33.6	30.9
TURKEY	9.7	10.0	11.2	11.8	11.1	11.9	9.9	11.0	12.6	12.1	12.1
YUGOSLAVIA	8.7	8.7	12.0	7.5	12.0	11.2	12.2	9.8	11.0	9.6	10.5

quintaux par hectare

BARLEY - ORGE

1966	1967	1968	1969	1970	1971	1972	1973	1974	1975	1976	
23.6	24.8	24.9	25.3	23.2	25.9	25.9	25.3*	25.9*			O.C.D.E. - TOTAL (non compris la Yougoslavie)
21.1	19.4	21.8	22.7	22.6	23.7	22.8	21.4	19.4			O.C.D.E. AMÉRIQUE DU NORD
21.7	16.7	19.8	21.3	22.2	23.2	22.3	21.1	18.9			CANADA
20.6	21.8	23.6	24.0	23.0	24.6	23.5	21.7	20.0	23.7		ÉTATS-UNIS
28.5	29.3	32.3	28.7	25.4	30.7	26.8	27.0	29.9			JAPON
14.5	8.9	13.3	12.2	12.3	12.7	9.2	13.5	14.5	10.4*		OCÉANIE
13.8	7.9	12.3	11.2	11.8	12.1	8.1	12.7	13.6	9.5*		AUSTRALIE
33.6	36.2	34.8	36.3	31.1	32.0	34.9	34.9	35.9	28.1		NOUVELLE ZÉLANDE
25.4	28.5	27.5	27.9	25.0	29.4	30.0	28.8*	30.4*			O.C.D.E. - EUROPE (non compris la Yougoslavie)
31.6	36.0	34.9	35.4	31.1	36.3	38.9	38.5	39.6	35.4		COMMUNAUTE ECONOMIQUE EUROPÉENNE - TOTAL
30.4	40.7	37.5	36.0	31.0	39.6	42.9	46.0	46.8	34.8		BELGIQUE
30.7	35.4	33.9	33.0	24.2	35.5	31.7	33.9	31.9	26.7		LUXEMBOURG
37.4	37.4	40.2	40.3	35.6	39.8	39.6	37.6	41.5	35.8		DANEMARK
28.1	35.0	32.9	33.1	27.5	33.4	39.1	38.9	37.0	33.6		FRANCE
29.1	35.1	36.3	35.9	31.3	37.2	37.6	38.4	41.1	38.5		ALLEMAGNE
34.1	37.0	40.9	39.8	36.5	42.2	38.9	37.2	42.2	37.5		IRLANDE
14.1	16.3	14.7	16.7	17.6	20.1	20.9	22.5	25.1	26.0		ITALIE
34.7	41.7	36.4	39.3	31.6	38.1	40.9	42.5	43.2	40.5		PAYS-BAS
35.2	37.8	34.4	35.9	33.6	37.4	40.4	39.7	41.3	35.8		ROYAUME-UNI
16.7	18.1	17.9	18.2	17.1	21.0	19.2	17.2*	19.8*			AUTRES PAYS EUROPÉENS DE L'O.C.D.E. (non compris la Yougoslavie)
30.7	33.3	32.4	34.1	31.5	34.4	33.0	34.2	38.8			AUTRICHE
18.6	19.7	20.0	22.5	23.1	25.8	24.5	21.7	21.7	26.8		FINLANDE
19.8	22.1	14.2	15.9	21.5	20.6	21.4	20.6*	22.9*			GRÈCE
-	-	-	-	-	-	-	-	-	-		ISLANDE
21.7	27.1	35.3	26.3	31.5	31.8	28.8	31.1	38.2			NORVÈGE
4.4	6.9	8.1	5.4	6.1	9.2	7.0	7.0	7.9	9.4		PORTUGAL
15.0	17.2	17.9	18.4	14.0	20.2	17.3	15.9	17.9			ESPAGNE
24.8	29.5	31.9	26.6	31.2	33.6	32.0	29.5	40.3	30.3		SUÈDE
33.4	36.5	37.2	35.8	34.6	43.0	40.1	39.3	45.6			SUISSE
14.0	13.9	13.0	13.9	12.5	16.0	14.7	11.4	12.9			TURQUIE
18.1	17.7	14.4	15.4	14.4	16.6	16.8	20.6	24.0			YOUGOSLAVIE

OATS AND MIXED SUMMER CEREALS - AVOINE ET MÉLANGES DE CÉRÉALES D'ÉTÉ

1966	1967	1968	1969	1970	1971	1972	1973	1974	1975	1976	
18.2	18.9	20.6	20.5	19.7	22.3	21.3	20.1*	20.7*			O.C.D.E. - TOTAL (non compris la Yougoslavie)
17.0	17.3	19.2	19.3	18.5	20.4	18.9	17.9	16.7			O.C.D.E. AMÉRIQUE DU NORD
18.5	16.5	19.2	19.3	20.3	21.0	19.7	19.3	16.8			CANADA
16.1	17.7	19.3	19.3	17.6	20.0	18.4	17.0	16.7	17.3		ÉTATS-UNIS
18.9	22.0	22.7	19.7	22.6	20.0	22.4	25.0	28.3			JAPON
11.4	5.4	11.1	9.3	10.6	10.6	7.8	9.6	12.4*			OCÉANIE
11.3	5.3	10.9	9.1	10.4	10.3	7.4	9.4	12.0*			AUSTRALIE
27.2	31.3	32.0	32.6	27.5	27.1	30.9	30.0	32.7	29.5		NOUVELLE ZÉLANDE
22.2	24.1	25.3	25.0	24.2	28.1	27.4	26.3*	28.3*			O.C.D.E. - EUROPE (non compris la Yougoslavie)
26.8	28.7	30.1	30.6	27.8	32.8	33.5	33.3	34.8*	32.4*		COMMUNAUTE ECONOMIQUE EUROPÉENNE - TOTAL
32.3	38.1	36.2	34.2	27.4	39.7	37.5	40.5	38.0	32.9		BELGIQUE
24.3	32.8	32.0	31.8	22.9	29.4	28.5	31.4	30.7	23.6		LUXEMBOURG
35.8	36.2	38.6	36.7	33.9	37.0	38.6	34.2	38.2	32.8		DANEMARK
23.6	23.1	26.8	27.7	26.1	30.5	32.6	32.0	31.1	29.7		FRANCE
28.9	32.3	33.7	33.2	28.7	35.0	34.5	35.4	39.0	35.9		ALLEMAGNE
28.9	30.6	32.4	32.6	30.4	34.6	34.4	32.5	35.7	30.0		IRLANDE
13.3	15.5	12.1	15.7	16.0	17.6	17.6	17.6	19.6	21.2		ITALIE
34.0	40.7	40.7	38.5	35.7	45.2	42.4	43.7	48.6*	45.7*		PAYS-BAS
30.6	33.7	32.2	34.3	32.4	37.6	39.2	38.3	37.4	34.1		ROYAUME-UNI
15.7	17.6	18.7	17.3	19.7	22.1	20.0	18.2*	21.1*			AUTRES PAYS EUROPÉENS DE L'O.C.D.E. (non compris la Yougoslavie)
26.1	27.3	27.7	28.9	27.4	29.4	27.2	30.8	31.9			AUTRICHE
18.3	20.6	21.4	23.5	25.3	26.2	24.8	22.1	20.3	25.3		FINLANDE
13.9	13.6	10.5	11.9	13.3	13.9	14.1	14.3*	15.5*			GRÈCE
..	..	..	..	..	..	..	..	..	..		ISLANDE
22.3	27.2	38.7	25.7	33.2	33.3	31.7	34.8	39.0			NORVÈGE
2.9	4.9	6.8	4.6	4.8	7.4	5.0	5.0	5.8	7.0		PORTUGAL
9.4	10.1	10.6	10.6	8.3	12.6	9.4	9.0	11.8			ESPAGNE
24.7	30.1	32.3	23.5	32.4	34.8	32.1	25.2	38.2	28.9		SUÈDE
32.9	34.6	35.2	36.8	34.5	40.5	39.5	38.3	46.9			SUISSE
12.0	12.3	11.7	12.7	11.8	14.0	13.0	12.7	12.3			TURQUIE
12.1	12.1	10.4	11.3	10.9	11.8	10.1	11.9	14.2			YOUGOSLAVIE

hundred kilogrammes per hectare

	1955	1956	1957	1958	1959	1960	1961	1962	1963	1964	1965
MAIZE - MAÏS											
O.E.C.D. - TOTAL (excluding Yugoslavia)	25.5	28.5*	29.0	31.7	32.1	33.2	36.8	37.7	40.3	37.3	43.6
O.E.C.D. NORTH AMERICA	26.4	29.8	30.4	33.2	33.3	34.3	39.2	40.7	42.6	39.6	46.5
CANADA	39.0	34.3	36.2	37.8	40.1	36.0	45.8	47.7	41.0	50.6	50.0
UNITED STATES	26.3	29.8	30.3	33.1	33.3	34.3	39.2	40.6	42.6	39.5	46.5
JAPAN	20.0	16.8	20.2	22.3	21.6	25.7	25.8	24.8	26.7	23.3	25.0
OCEANIA	19.2	18.6*	19.7	19.3	23.8	24.2	21.7	22.7	23.2	20.9	22.3
AUSTRALIA	18.7	17.8	19.2	19.1	23.4	22.8	21.1	21.8	22.2	19.7	20.6
NEW ZEALAND	51.0	70.0*	40.0	25.7	32.0	59.3	34.3	46.0	51.7	47.3	58.8
O.E.C.D. - EUROPE (excluding Yugoslavia)	18.8	20.0	19.8	21.8	22.8	24.8	23.3	20.5	26.9	24.3	26.3
EUROPEAN ECONOMIC COMMUNITY - TOTAL	25.5	27.0	27.2	29.6	30.0	32.9	29.4	25.9	36.5	30.9	35.5
BELGIUM	40.0	35.0	40.0	30.0	23.0	-	24.0	35.0	-	-	23.0
LUXEMBOURG	-	-	-	-	-	-	-	-	-	-	-
DENMARK	-	-	-	-	-	-	-	-	-	-	-
FRANCE	24.1	26.6	25.6	28.4	25.9	34.1	25.3	21.5	40.7	23.6	39.4
GERMANY	28.6	28.6	26.7	26.0	26.0	33.3	28.8	32.3	36.2	33.9	34.4
IRELAND	-	-	-	-	-	-	-	-	-	-	-
ITALY	25.9	27.2	27.9	30.2	32.5	32.1	32.9	29.1	32.9	36.9	32.3
NETHERLANDS	38.7	22.0	27.5	36.0	1.8	2.5	2.3	3.0	-	-	-
UNITED KINGDOM	-	-	-	-	-	-	-	-	-	-	-
OTHER O.E.C.D. EUROPE (excluding Yugoslavia)	12.7	12.9	12.6	14.2	15.4	16.2	16.4	14.7	16.4	17.3	16.6
AUSTRIA	27.2	28.3	30.5	31.6	31.7	36.7	38.9	35.7	38.8	42.4	37.3
FINLAND	-	-	-	-	-	-	-	-	-	-	-
GREECE	12.5	10.4	11.9	11.0	14.1	13.7	11.9	13.0	13.7	16.6	17.3
ICELAND	-	-	-	-	-	-	-	-	-	-	-
NORWAY	-	-	-	-	-	-	-	-	-	-	-
PORTUGAL	9.3	9.9	8.8	8.9	10.1	10.0	12.8	11.9	10.7	12.0	9.5
SPAIN	15.8	17.7	18.7	21.5	21.8	21.9	22.2	19.8	22.5	23.4	23.9
SWEDEN	-	-	-	-	-	-	-	-	-	-	-
SWITZERLAND	40.0	32.0	22.0	32.0	38.0	36.0	41.5	42.7	42.7	47.8	46.0
TURKEY	12.1	11.9	10.6	13.0	14.3	15.7	14.4	12.0	14.8	14.7	14.5
YUGOSLAVIA	15.8	13.1	21.9	16.5	25.9	24.0	18.1	21.4	22.3	28.6	23.2
TOTAL CEREALS EXCLUDING RICE - ENSEMBLE DES CÉRÉALES SAUF RIZ											
O.E.C.D. - TOTAL (excluding Yugoslavia)	17.0*	17.8*	18.3	19.9	19.6	21.0	20.0	22.1	23.0	22.1*	23.9*
O.E.C.D. NORTH AMERICA	17.0	18.4	19.0	21.5	20.8	22.6	21.9	24.1	25.6	23.6	27.1*
CANADA	12.3	13.6	13.1	13.4	13.6	15.1	9.7	15.9	18.3	15.2	17.2
UNITED STATES	18.2	19.6	20.5	23.4	22.5	24.4	25.1	26.7	27.8	26.2	30.2*
JAPAN	22.2	21.6	21.5	21.4	23.9	25.5	26.7	25.4	13.7	23.6	26.8
OCEANIA	12.0	11.0*	7.5	13.2	10.4	13.3	11.0	12.3	13.0	13.4	10.0
AUSTRALIA	11.8	10.8	7.2	13.1	10.1	13.0	10.7	12.1	12.7	13.1	9.7
NEW ZEALAND	26.2	24.3*	27.0	28.4	28.3	33.2	30.9	27.8	27.6	33.2	32.9
O.E.C.D. - EUROPE (excluding Yugoslavia)	17.3*	17.5	18.2	18.2	18.8	19.3	18.4	20.7	21.0	21.4*	21.9
EUROPEAN ECONOMIC COMMUNITY - TOTAL	23.7	24.1	23.8	23.8	25.5	26.0	24.9	28.6	28.2	29.8	30.2
BELGIUM	34.8	31.5	33.9	33.7	35.0	34.9	33.4	37.5	35.9	39.2	35.2
LUXEMBOURG	21.1	21.2	19.5	20.6	22.2	24.5	23.6	23.8	27.7	20.4	25.9
DENMARK	32.8	34.1	34.1	32.1	29.1	34.5	33.8	37.5	35.1	39.6	38.9
FRANCE	20.8	22.8	21.7	20.8	24.2	25.1	22.7	26.9	27.7	28.2	31.0
GERMANY	25.2	26.2	26.8	25.8	28.1	30.7	24.5	30.2	30.4	32.1	27.4
IRELAND	27.2	29.1	28.4	23.8	30.1	29.5	31.4	33.3	31.2	29.2	31.1
ITALY	20.0	18.9	18.8	21.4	20.3	17.7	21.1	21.6	20.6	21.9	23.6
NETHERLANDS	34.3	31.9	33.5	32.2	30.6	36.2	33.5	39.5	36.7	41.4	36.4
UNITED KINGDOM	30.1	28.2	27.4	27.9	32.0	31.2	31.8	36.9	34.8	37.4	37.5
OTHER O.E.C.D. EUROPE (excluding Yugoslavia)	11.0*	11.1	12.7	12.7	12.3	12.8	12.0	13.0	14.1	13.3*	13.6
AUSTRIA	21.2	21.9	21.2	20.4	21.4	25.0	25.2	25.7	25.1	26.2	23.3
FINLAND	14.2	14.4	14.9	17.6	15.2	21.2	18.8	13.6	18.0	15.8	20.1
GREECE	12.2	11.2	14.4	14.6	14.2	14.0	12.4	13.6	12.7	15.9	16.2
ICELAND	..	..	..	..	..	..	..	..	..	..	..
NORWAY	19.0	27.4	22.9	23.0	20.5	27.3	27.8	20.8	25.8	25.9	25.5
PORTUGAL	6.3	7.0	8.2	8.4	7.1	6.4	7.0	8.1	7.6	7.3	7.0
SPAIN	9.8*	9.9	11.5	11.1	11.9	9.6	10.3	12.3	12.5	11.3*	12.1
SWEDEN	16.1	22.7	19.1	19.2	19.3	27.1	28.2	26.6	25.4	32.3	31.5
SWITZERLAND	30.0	26.2	29.2	31.2	31.4	33.6	28.8	37.6	29.2	36.1	32.4
TURKEY	10.3	9.5	11.9	12.0	11.0	11.7	9.8	11.2	13.3	11.1	11.3
YUGOSLAVIA	..	..	..	..	..	..	..	17.9*	19.6*	21.6*	20.6*

RENDEMENTS

quintaux par hectare

MAIZE - MAÏS

1966	1967	1968	1969	1970	1971	1972	1973	1974	1975	1976	
43.6	47.5	47.6	51.0	44.3	53.2	56.9*	55.2*	44.2*			O.C.D.E. - TOTAL (non compris la Yougoslavie)
46.0	50.3	49.9	53.8	45.4	55.2	60.6	57.2	44.8			O.C.D.E. AMÉRIQUE DU NORD
51.7	53.0	53.2	47.1	52.8	51.6	47.1	52.9	43.8			CANADA
45.9	50.3	49.9	53.9	45.3	55.3	60.9	57.3	44.8	54.1		ÉTATS-UNIS
24.2	29.0	28.3	26.7	27.5	25.0	29.0*	11.5	12.0*			JAPON
17.4	24.6	24.9	27.0	28.5	31.9	35.5	35.6	36.8			OCÉANIE
15.6	23.3	22.3	22.2	24.0	24.7	27.4	23.6	23.0			AUSTRALIE
64.3	61.7	59.8	73.0	73.3	84.3	77.5	90.4	72.1	81.9		NOUVELLE ZÉLANDE
29.7	30.2	34.6	36.1	38.7	41.9	38.7	45.3*	41.3*			O.C.D.E. - EUROPE (non compris la Yougoslavie)
40.2	39.5	47.1	47.0	49.2	52.2	46.8	55.6	49.0	46.7*		COMMUNAUTE ÉCONOMIQUE EUROPÉENNE - TOTAL
26.0	30.0	35.0	45.0	51.0	62.7	37.4	67.5	49.6	61.7		BELGIQUE
-	-	-	-	-	-	-	-	-			LUXEMBOURG
-	-	-	-	-	-	-	-	-			DANEMARK
45.1	40.9	52.6	48.3	51.1	54.5	43.5	55.1	45.6	41.0		FRANCE
39.7	45.2	47.9	47.9	49.6	49.7	46.4	52.4	46.8	53.7		ALLEMAGNE
-	-	-	-	-	-	-	-	-			IRLANDE
35.5	38.0	41.3	45.2	46.3	48.5	53.8	57.2	56.7	58.1		ITALIE
				60.0	55.5	24.8	54.5	48.0	70.0*		PAYS-BAS
					60.0	60.0	60.0	30.0	30.0		ROYAUME-UNI
18.2	19.4	20.6	22.7	24.4	27.2	26.1	28.9*	28.7*			AUTRES PAYS EUROPÉENS DE L'O.C.D.E. (non compris la Yougoslavie)
49.9	52.6	53.9	59.7	49.3	57.7	54.6	65.7	57.5			AUTRICHE
-	-	-	-	-	-	-	-	-	-		FINLANDE
19.8	23.5	23.2	27.7	30.1	34.0	35.4	37.3*	35.6*	-		GRÈCE
-	-	-	-	-	-	-	-	-			ISLANDE
-	-	-	-	-	-	-	-	-	-		NORVÈGE
11.9	13.2	12.6	12.9	13.9	13.4	13.3	13.7	13.5	12.9		PORTUGAL
23.9	25.0	28.2	30.5	34.3	37.9	36.0	39.0	39.8	-		ESPAGNE
-	-	-	-	-	-	-	-	-			SUÈDE
48.5	54.0	60.8	56.3	60.6	64.5	36.2	67.5	58.1			SUISSE
15.3	15.6	15.3	15.2	16.0	17.9	16.7	17.6	19.4			TURQUIE
31.9	28.7	27.7	32.6	29.5	30.7	33.3	34.7	35.6			YOUGOSLAVIE

TOTAL CEREALS EXCLUDING RICE - ENSEMBLE DES CÉRÉALES SAUF RIZ

1966	1967	1968	1969	1970	1971	1972	1973	1974	1975	1976	
24.3*	25.0*	25.6*	26.8*	25.8*	29.8*	29.7*	29.2*	26.7*			O.C.D.E. - TOTAL (non compris la Yougoslavie)
27.4*	27.6*	28.3*	30.9*	29.3*	33.6*	34.4*	32.7*	26.9			O.C.D.E. AMÉRIQUE DU NORD
19.6	15.1	17.3	19.5	20.9	21.3	19.7	19.4	17.2			CANADA
30.0*	31.4*	31.9*	34.5*	31.3*	37.1*	38.9*	36.6*	29.5	34.1		ÉTATS-UNIS
25.1*	27.1*	30.2*	26.4*	22.5*	26.7*	24.3*	23.0*	24.8*			JAPON
14.5	8.5	13.6	11.5	12.3	12.8	9.6	13.3	14.3*			OCÉANIE
14.3	8.1	13.2	11.1	12.0	12.4	9.0	12.9	13.9*			AUSTRALIE
35.0	37.2	35.4	36.5	30.0	35.0	38.2	38.0	38.3*	35.9*		NOUVELLE ZÉLANDE
21.8	24.6	24.6	24.7	23.9	27.9	27.6	27.6*	28.9*			O.C.D.E. - EUROPE (non compris la Yougoslavie)
29.4	33.6	33.8	34.0	32.5	37.1	38.1	39.4*	40.2*			COMMUNAUTE ÉCONOMIQUE EUROPÉENNE - TOTAL
28.9	40.9	38.7	36.7	33.8	42.2	42.6	46.8	47.5			BELGIQUE
25.0	33.6	31.9	33.0	24.2	32.3	31.1	32.4	30.8*	24.8*		LUXEMBOURG
37.1	37.5	40.2	39.8	35.9	40.0	39.7	37.6	41.9	36.4		DANEMARK
29.1	34.2	35.7	35.4	33.8	38.9	41.7	43.8*	41.9*	36.8*		FRANCE
29.1	35.2	36.4	35.6	32.4	38.7	37.0	38.9	41.5	38.9		ALLEMAGNE
32.7	35.7	40.1	39.3	36.4	40.9	38.5	38.9	41.7	37.2*		IRLANDE
23.5	25.6	24.8	26.0	27.0	28.9	29.3	30.2	31.1			ITALIE
35.1	42.2	39.4	39.9	37.5	43.3	39.8	46.5	50.3*	44.8*		PAYS-BAS
35.4	38.3	34.5	36.7	35.7	39.3	40.9	40.8	43.7	37.6		ROYAUME-UNI
14.3	15.8	15.7	15.6	15.5	19.0	17.4	16.1*	18.1*			AUTRES PAYS EUROPÉENS DE L'O.C.D.E. (non compris la Yougoslavie)
29.4	32.5	33.4	35.6	31.9	36.6	34.0	38.6	40.7			AUTRICHE
17.8	19.9	20.8	22.9	25.8	24.6	22.4	21.8		26.2		FINLANDE
18.0	19.2	14.8	16.8	20.9	21.2	21.6	21.5*	23.8*			GRÈCE
..	..	..	..	..	..	..	..	..			ISLANDE
21.8	27.2	36.0	26.2	31.9	32.4	29.9	32.6	38.8			NORVÈGE
7.1	9.9	11.6	9.3	10.3	12.2	10.5	10.3	10.3	11.3		PORTUGAL
12.9	14.4	15.3	15.1	13.5	18.1	15.8	15.6	17.3*			ESPAGNE
25.6	32.6	33.9	26.8	32.4	35.3	34.1	31.4	42.6	32.2		SUÈDE
33.1	39.5	38.8	36.4	36.7	44.3	40.8	41.6	47.3			SUISSE
12.6	12.9	12.0	12.7	11.9	15.6	14.1	11.7	12.8			TURQUIE
26.6*	25.3*	23.1*	26.5*	23.1*	27.8*	27.4*	29.6*	32.6*			YOUGOSLAVIE

YIELDS

hundred kilogrammes per hectare

	1955	1956	1957	1958	1959	1960	1961	1962	1963	1964	1965
RICE, PADDY - RIZ, PADDY											
O.E.C.D. - TOTAL (excluding Yugoslavia)	47.3	42.7	44.6	46.4	47.8	48.4	47.4	49.6	49.6	49.5	48.8
O.E.C.D. NORTH AMERICA	34.3	35.3	35.9	35.4	37.9	38.4	38.2	41.8	44.5	45.9	47.7
CANADA	-	-	-	-	-	-	-	-	-	-	-
UNITED STATES	34.3	35.3	35.9	35.4	37.9	38.4	38.2	41.8	44.5	45.9	47.7
JAPAN	50.0	43.7	46.0	47.9	49.4	50.5	48.8	51.4	50.8	50.1	49.5
OCEANIA	60.6	52.9	40.5	56.8	66.3	64.0	60.2	67.1	61.7	59.2	61.2
AUSTRALIA	60.6	52.9	40.5	56.8	66.3	64.0	60.2	67.1	61.7	59.2	61.2
NEW ZEALAND	-	-	-	-	-	-	-	-	-	-	-
O.E.C.D. - EUROPE (excluding Yugoslavia)	49.7	47.1	45.5	49.2	49.6	45.0	50.1	47.8	47.3	50.5	43.1
EUROPEAN ECONOMIC COMMUNITY - TOTAL	50.8	47.3	49.1	53.9	52.8	43.0	51.2	50.9	44.8	48.2	37.6
BELGIUM	-	-	-	-	-	-	-	-	-	-	-
LUXEMBOURG	-	-	-	-	-	-	-	-	-	-	-
DENMARK	-	-	-	-	-	-	-	-	-	-	-
FRANCE	40.5	43.0	42.2	48.6	41.3	22.7	30.0	30.6	28.7	33.0	26.0
GERMANY	-	-	-	-	-	-	-	-	-	-	-
IRELAND	-	-	-	-	-	-	-	-	-	-	-
ITALY	52.1	48.0	50.6	55.0	55.5	48.2	56.9	56.2	49.1	52.0	40.4
NETHERLANDS	-	-	-	-	-	-	-	-	-	-	-
UNITED KINGDOM	-	-	-	-	-	-	-	-	-	-	-
OTHER O.E.C.D. EUROPE (excluding Yugoslavia)	48.3	46.9	42.6	44.8	46.4	47.0	49.2	45.5	49.4	52.7	48.2
AUSTRIA	-	-	-	-	-	-	-	-	-	-	-
FINLAND	-	-	-	-	-	-	-	-	-	-	-
GREECE	33.9	39.1	42.9	38.8	37.2	39.3	36.8	35.8	40.5	42.8	43.3
ICELAND	-	-	-	-	-	-	-	-	-	-	-
NORWAY	-	-	-	-	-	-	-	-	-	-	-
PORTUGAL	48.2	41.1	43.8	42.5	45.3	40.9	46.7	46.9	44.9	47.7	39.7
SPAIN	58.0	58.2	57.9	57.7	57.6	54.8	64.5	62.3	63.3	62.2	59.3
SWEDEN	-	-	-	-	-	-	-	-	-	-	-
SWITZERLAND	-	-	-	-	-	-	-	-	-	-	-
TURKEY	35.1	36.6	27.4	33.7	34.1	42.7	39.6	34.0	39.5	47.7	43.4
YUGOSLAVIA	32.5	35.0	43.4	36.3	35.3	36.5	32.7	38.7	38.8	41.7	41.7
TOTAL CEREALS INCLUDING RICE - ENSEMBLE DES CÉRÉALES RIZ INCLUS											
O.E.C.D. - TOTAL (excluding Yugoslavia)	17.8*	18.5*	19.0	20.6	20.4	21.7	20.8	22.9	23.8	22.9*	24.7*
O.E.C.D. NORTH AMERICA	17.2	18.5	19.2	21.6	20.9	22.7	22.0	24.3	25.8	23.8	27.3*
CANADA	12.3	13.6	13.1	13.4	13.6	15.1	9.7	15.9	18.3	15.2	17.2
UNITED STATES	18.4	19.7	20.6	23.5	22.6	24.5	25.2	26.9	28.0	26.4	30.4*
JAPAN	39.5	35.5	37.2	38.5	40.6	42.2	41.7	43.4	40.1	43.2	44.0
OCEANIA	12.1	11.1*	7.6	13.4	10.5	13.4	11.1	12.4	13.1	13.5	10.1
AUSTRALIA	11.9	11.0	7.3	13.2	10.3	13.2	10.8	12.2	12.9	13.2	9.8
NEW ZEALAND	26.2	24.3*	27.0	28.4	28.3	33.2	30.9	27.8	27.6	33.2	32.9
O.E.C.D. - EUROPE (excluding Yugoslavia)	17.5*	17.6	18.4	18.4	18.9	19.4	18.6	20.9	21.2	21.6*	22.0
EUROPEAN ECONOMIC COMMUNITY - TOTAL	23.9	24.2	23.9	24.0	25.1	26.1	25.1	28.7	28.3	29.9	30.3
BELGIUM	34.8	31.5	33.9	33.7	35.0	34.9	33.4	37.5	35.9	39.2	35.2
LUXEMBOURG	21.1	21.2	19.5	20.6	22.2	24.5	23.6	23.8	27.7	20.4	25.9
DENMARK	32.8	34.1	34.1	32.1	29.1	34.5	33.8	37.5	35.1	39.6	38.9
FRANCE	20.8	22.9	21.8	20.9	24.2	25.1	22.7	26.9	27.7	28.2	31.0
GERMANY	25.2	26.2	26.8	25.8	28.1	30.7	24.5	30.2	30.4	32.1	27.4
IRELAND	27.2	29.1	28.4	23.8	30.1	29.5	31.4	33.3	31.2	29.2	31.1
ITALY	20.7	19.5	19.4	22.1	21.0	18.3	21.8	22.2	21.2	22.4	24.0
NETHERLANDS	34.3	31.9	33.5	32.2	30.6	36.2	33.5	39.5	36.7	41.4	36.4
UNITED KINGDOM	30.1	28.2	27.4	27.9	32.0	31.2	31.8	36.9	34.8	37.4	37.5
OTHER O.E.C.D. EUROPE (excluding Yugoslavia)	11.2*	11.3	12.9	12.9	12.5	13.0	12.2	13.2	14.3	13.5*	13.8
AUSTRIA	21.2	21.9	21.2	20.4	21.4	25.0	25.2	25.7	25.1	26.2	23.3
FINLAND	14.2	14.4	14.9	17.6	15.2	21.2	18.8	13.6	18.0	15.8	20.1
GREECE	12.4	11.4	14.6	14.8	14.4	14.2	12.7	13.9	13.1	16.3	16.6
ICELAND	..	..	..	..	..	..	..	..	..		
NORWAY	19.0	27.4	22.9	23.0	20.5	27.3	27.8	20.8	25.8	25.9	25.5
PORTUGAL	7.1	7.6	8.9	9.0	7.7	7.0	7.8	8.8	8.3	8.1	8.5
SPAIN	10.3*	10.3	11.9	11.5	12.3	10.0	10.8	12.7	13.0	11.8*	12.5
SWEDEN	16.1	22.7	19.1	19.2	19.3	27.1	28.2	26.6	25.6	32.3	31.6
SWITZERLAND	30.0	26.2	29.2	31.2	31.4	33.6	28.5	37.6	29.2	36.1	32.4
TURKEY	10.3	9.6	12.0	12.1	11.1	11.8	9.9	11.4	13.4	11.2	11.4
YUGOSLAVIA	..	..	..	..	..	..	..	17.9*	19.6*	21.7*	20.6*

RICE, PADDY - RIZ, PADDY

1966	1967	1968	1969	1970	1971	1972	1973	1974	1975	1976	
50.2	55.8	54.8	53.8	54.7	52.1	55.9	56.8*	55.7*			O.C.D.E. - TOTAL (non compris la Yougoslavie)
48.4	50.9	49.6	48.4	51.8	52.9	52.7	47.9	49.7			O.C.D.E. AMÉRIQUE DU NORD
•	•	•	•	•	•	•	•	•			CANADA
48.4	50.9	49.6	48.4	51.8	52.9	52.7	47.9	49.7	51.0		ÉTATS-UNIS
50.8	57.5	57.2	55.5	56.3	52.0	58.5	60.2	58.6			JAPON
69.9	71.4	71.3	75.2	61.7	78.7	62.0	68.7	60.1			OCÉANIE
69.9	71.4	71.3	75.2	61.7	78.7	62.0	68.7	60.1			AUSTRALIE
•	•	•	•	•	•	•	•	•		•	NOUVELLE ZÉLANDE
46.5	49.2	45.1	49.4	47.3	48.6	42.6	52.1*	49.9*			O.C.D.E. - EUROPE (non compris la Yougoslavie)
43.8	49.0	39.8	48.8	45.9	48.9	39.0	53.2	51.5	50.7		COMMUNAUTE ÉCONOMIQUE EUROPÉENNE - TOTAL
•	•	•	•	•	•	•	•	•		•	BELGIQUE
											LUXEMBOURG
•	•	•	•	•	•	•	•	•		•	DANEMARK
28.6	34.8	27.2	33.0	34.8	30.5	18.3	32.9	32.8	48.2		FRANCE
•	•	•	•	•	•	•	•	•		•	ALLEMAGNE
47.0	51.7	41.8	51.0	47.2	51.0	41.0	55.0	53.0	50.9		ITALIE
•	•	•	•	•	•	•	•	•			PAYS-BAS
•	•	•	•	•	•	•	•	•			ROYAUME-UNI
48.9	49.3	51.2	50.0	48.8	48.3	46.9	50.9*	48.1*			AUTRES PAYS EUROPÉENS DE L'O.C.D.E. (non compris la Yougoslavie)
•	•	•	•	•	•	•	•	•			AUTRICHE
•	•	•	•	•	•	•	•	•		•	FINLANDE
47.1	51.7	48.6	48.1	49.4	46.7	49.3	48.2*	50.8*			GRÈCE
•	•	•	•	•	•	•	•	•		•	ISLANDE
44.0	45.6	45.2	47.5	46.4	38.5	38.1	43.0	39.2			NORVÈGE
63.6	61.0	59.4	63.2	59.6	59.2	58.6	63.4	60.1			PORTUGAL
•	•	•	•	•	•	•	•	•		•	ESPAGNE
•	•	•	•	•	•	•	•	•			SUÈDE
38.5	39.0	45.6	37.2	39.9	45.0	39.9	44.3	39.7			SUISSE
											TURQUIE
46.0	50.0	36.0	40.0	40.0	45.0	44.3	45.7	44.3			YOUGOSLAVIE

TOTAL CEREALS INCLUDING RICE - ENSEMBLE DES CÉRÉALES RIZ INCLUS

1966	1967	1968	1969	1970	1971	1972	1973	1974	1975	1976	
25.1*	25.9*	26.5*	27.6*	26.7*	30.4*	30.4*	29.9*	27.4*			O.C.D.E. - TOTAL (non compris la Yougoslavie)
27.6*	27.8*	28.6*	31.1*	29.6*	33.7*	34.6*	32.9*	27.2			O.C.D.E. AMÉRIQUE DU NORD
19.6	15.1	17.3	19.5	20.9	21.3	19.7	19.4	17.2			CANADA
30.2*	31.6*	32.2*	34.7*	31.5*	37.3*	39.1*	36.8*	29.8	34.4		ÉTATS-UNIS
45.1*	51.4*	52.3*	50.7*	51.2*	48.7*	55.1*	57.2*	55.9*			JAPON
14.6	8.6	13.7	11.7	12.5	13.0	9.8	13.5	14.5*			OCÉANIE
14.4	8.3	13.4	11.2	12.2	12.6	9.2	13.1	14.1*			AUSTRALIE
35.0	37.2	35.4	36.5	30.0	35.0	38.2	38.0	38.3*	35.9*		NOUVELLE ZÉLANDE
22.0	24.8	24.7	24.9	24.1	28.1	27.7	27.8*	29.1*			O.C.D.E. - EUROPE (non compris la Yougoslavie)
29.5	33.7	33.8	34.1	32.6	37.2	38.1	39.6*	40.3*			COMMUNAUTE ÉCONOMIQUE EUROPÉENNE - TOTAL
28.9	40.9	38.7	36.7	33.8	42.2	42.6	46.8	47.5			BELGIQUE
25.0	33.6	31.9	33.0	24.2	32.3	31.1	32.4	30.8*	24.8*		LUXEMBOURG
37.1	37.5	40.2	39.8	35.9	40.0	39.7	37.6	41.9	36.4		DANEMARK
29.1	34.2	35.7	35.3	33.8	38.9	41.7	43.8*	41.9*	36.8*		FRANCE
29.1	35.2	36.4	35.6	32.4	38.7	37.0	38.9	41.5	38.9		ALLEMAGNE
32.7	35.7	40.1	39.3	36.4	40.9	38.5	36.8	41.7	37.2*		IRLANDE
24.0	26.3	25.3	26.8	27.5	29.6	29.7	31.1	31.9			ITALIE
35.1	42.2	39.4	39.9	37.5	43.3	39.8	46.5	50.3*	44.8*		PAYS-BAS
35.4	38.3	34.5	36.7	35.7	39.3	40.9	40.8	43.7	37.6		ROYAUME-UNI
14.6	16.0	15.9	15.8	15.7	19.2	17.6	16.3*	18.3*			AUTRES PAYS EUROPÉENS DE L'O.C.D.E. (non compris la Yougoslavie)
29.4	32.5	33.4	35.6	31.9	36.6	34.0	38.6	40.7			AUTRICHE
17.8	19.9	20.8	22.9	23.9	25.8	24.6	22.4	21.8	26.2		FINLANDE
18.3	19.6	15.2	17.2	21.2	21.4	21.9	21.8*	24.2*			GRÈCE
••	••	••	••	••	••	••	••	••	••		ISLANDE
21.8	27.2	36.0	26.2	31.9	32.4	29.9	32.6	38.8			NORVÈGE
7.8	10.6	12.3	10.3	11.3	13.0	11.4	11.3	11.0			PORTUGAL
13.3	14.8	15.7	15.6	13.9	18.4	16.1	16.0	17.7*			ESPAGNE
25.5	32.6	33.9	26.8	32.4	35.3	34.1	31.4	42.6	32.2		SUÈDE
33.1	39.5	38.8	36.4	36.7	44.3	40.8	41.6	47.3			SUISSE
12.7	13.0	12.2	12.8	12.1	15.7	14.2	11.8	12.9			TURQUIE
26.6*	25.4*	23.1*	26.5*	23.7*	27.8*	27.5*	29.6*	32.6*			YOUGOSLAVIE

YIELDS

hundred kilogrammes per hectare

POTATOES - POMMES DE TERRE

	1955	1956	1957	1958	1959	1960	1961	1962	1963	1964	1965
O.E.C.D. - TOTAL (excluding Yugoslavia)	158.0*·	178.4	172.6	167.1*	165.3	182.1	177.7	182.0	196.3	185.2	189.1
O.E.C.D. NORTH AMERICA	174.3	191.8	192.4	198.3	194.8	200.3	211.6	213.9	221.0	208.6	224.7
CANADA	142.4	152.1	158.7	146.1	140.5	164.1	161.3	183.3	180.1	191.7	173.1
UNITED STATES	181.5	200.9	200.0	209.4	206.4	207.9	222.0	220.4	229.9	212.3	235.8
JAPAN	137.8	132.2	161.3	165.7	162.6	176.2	177.3	170.3	163.9	177.9	190.4
OCEANIA	115.2	111.0	129.8	124.0	136.3	136.0	135.7	148.0	156.7	152.0	162.4
AUSTRALIA	108.1	107.4	128.6	121.8	139.0	133.8	123.8	140.6	147.2	139.3	143.4
NEW ZEALAND	146.5	127.9	134.1	133.0	126.9	144.8	175.8	173.6	204.8	204.0	224.5
O.E.C.D. - EUROPE (excluding Yugoslavia)	157.0*	179.2	170.5	162.5*	161.2	180.0	172.2	177.7	194.5	182.0	182.1
EUROPEAN ECONOMIC COMMUNITY - TOTAL	167.1	190.1	181.4	169.5	173.0	191.6	185.2	196.6	211.3	198.0	201.0
BELGIUM	260.0	236.4	249.1	236.3	171.8	239.7	248.5	275.3	221.8	287.7	244.7
LUXEMBOURG	190.1	172.3	223.2	156.8	187.0	171.7	198.6	239.0	228.8	185.8	185.8
DENMARK	153.4	223.0	202.4	197.8	198.9	213.4	207.0	187.5	208.4	224.6	228.5
FRANCE	146.6	175.1	155.0	144.2	137.7	169.3	161.2	155.4	189.3	167.4	195.7
GERMANY	186.6	216.9	216.1	196.5	198.4	216.9	202.7	239.7	256.7	223.0	212.6
IRELAND	185.2	230.3	222.1	177.3	250.8	192.5	249.4	249.1	237.2	206.2	232.1
ITALY	86.5	88.2	81.8	95.5	103.1	101.0	103.7	94.5	113.6	107.4	102.0
NETHERLANDS	266.8	231.4	270.2	271.4	228.6	281.9	279.7	304.1	287.7	328.8	258.4
UNITED KINGDOM	180.2	205.2	176.3	170.0	212.9	217.1	223.9	227.0	214.9	224.3	252.6
OTHER O.E.C.D. EUROPE (excluding Yugoslavia)	126.8*	147.2	140.1	143.3*	129.9	149.2	139.5	129.8	152.7	144.2	140.1
AUSTRIA	167.0	178.4	224.1	199.0	172.3	211.6	197.4	190.2	217.3	217.6	175.1
FINLAND	124.1	182.0	132.1	160.5	126.9	199.6	137.3	128.4	158.6	119.7	172.2
GREECE	102.9	114.0	120.7	120.3	114.0	111.3	71.4	70.7	81.8	93.8	92.3
ICELAND	60.0*	70.0	80.0	70.0*	70.0	100.0	130.0	100.0	90.0	80.0	130.0
NORWAY	175.1	240.1	183.6	226.7	194.7	218.8	230.6	183.8	234.2	164.0	236.3
PORTUGAL	124.2	193.8	132.9	129.4	97.3	113.2	97.7	87.6	105.0	104.9	87.9
SPAIN	115.3	118.3	106.3	115.1	114.7	117.0	118.2	101.5	123.5	116.6	110.8
SWEDEN	92.9	151.5	115.6	110.4	107.2	180.2	187.5	189.8	235.7	217.6	251.9
SWITZERLAND	173.0	222.0	229.9	247.4	245.7	243.5	243.0	230.0	265.0	268.0	232.2
TURKEY	102.4	100.0	100.8	107.4	101.4	87.5	95.6	108.7	114.3	117.2	115.9
YUGOSLAVIA	87.0	81.7	116.1	94.6	95.2	113.5	92.1	87.4	94.1	88.1	74.4

SUGAR BEETS - BETTERAVES SUCRIÈRES

	1955	1956	1957	1958	1959	1960	1961	1962	1963	1964	1965
O.E.C.D. - TOTAL (excluding Yugoslavia)	319.0	304.5	324.3	340.4	307.3	376.7	343.4	317.6	365.7	358.9	352.0
O.E.C.D. NORTH AMERICA	361.0	360.0	386.2	372.7	410.9	376.6	363.1	365.8	424.4	369.6	371.3
CANADA	269.7	253.1	281.1	300.5	303.9	284.8	295.0	295.0	299.1	287.2	304.8
UNITED STATES	371.1	370.7	396.2	380.7	421.7	384.9	368.4	371.2	434.2	375.5	375.8
JAPAN	220.3	220.5	232.0	252.9	249.8	223.8	236.7	242.5	240.0	245.5	302.2
OCEANIA	··	··	··	··	··	··	··	··	··	··	··
AUSTRALIA	-	-	-	-	-	-	-	-	-	-	-
NEW ZEALAND	-	-	-	-	-	-	-	-	-	-	-
O.E.C.D. - EUROPE (excluding Yugoslavia)	311.2	293.5	310.8	334.8	285.5	380.6	340.8	306.0	350.6	358.4	348.0
EUROPEAN ECONOMIC COMMUNITY - TOTAL	328.1	311.3	331.2	360.0	291.6	415.1	361.0	328.5	368.1	383.0	374.2
BELGIUM	394.0	355.5	401.0	429.1	330.3	486.2	436.0	354.2	374.6	486.6	390.3
LUXEMBOURG	-	-	-	-	-	-	-	-	-	-	-
DENMARK	354.6	378.9	356.3	356.0	289.7	405.4	358.2	342.8	376.6	375.4	313.9
FRANCE	293.5	289.5	324.1	353.0	200.5	444.0	368.7	328.6	376.0	382.1	429.4
GERMANY	341.1	310.3	374.1	395.5	284.6	419.2	355.9	328.4	415.0	393.4	365.9
IRELAND	275.7	266.7	278.6	234.6	336.8	339.6	330.4	290.8	264.4	279.1	281.1
ITALY	356.9	311.2	294.1	311.0	399.3	316.5	311.5	316.3	342.7	344.9	321.9
NETHERLANDS	445.3	366.0	413.6	479.8	333.1	502.8	453.5	381.1	384.4	490.6	388.3
UNITED KINGDOM	270.7	305.3	266.6	331.5	321.7	418.9	350.6	315.7	312.2	353.0	370.3
OTHER O.E.C.D. EUROPE (excluding Yugoslavia)	242.6	229.1	241.2	249.0	266.4	277.6	279.1	239.0	289.0	283.9	262.2
AUSTRIA	319.8	285.6	394.2	393.2	361.3	423.4	320.5	322.2	435.5	415.7	384.6
FINLAND	154.1	172.7	208.3	182.2	171.4	273.7	253.4	183.4	284.5	215.5	203.9
GREECE	-	-	-	-	-	-	305.0	385.0	351.0	437.5	385.3
ICELAND	-	-	-	-	-	-	-	-	-	-	-
NORWAY	-	-	-	-	-	-	-	-	-	-	-
PORTUGAL	-	-	-	-	-	-	-	-	-	-	-
SPAIN	234.5	239.6	217.9	239.2	271.9	241.9	275.3	211.2	233.0	231.1	251.0
SWEDEN	313.7	357.3	389.4	345.9	339.8	473.3	400.1	306.8	393.5	393.4	319.0
SWITZERLAND	349.8	372.7	408.0	470.3	434.3	460.4	447.4	335.6	424.1	452.1	372.0
TURKEY	182.8	146.8	153.2	167.0	210.2	217.1	221.3	216.7	243.0	251.6	216.5
YUGOSLAVIA	197.1	161.4	244.6	208.5	208.8	293.6	213.6	249.3	278.1	318.0	327.5

RENDEMENTS

POTATOES - POMMES DE TERRE

1966	1967	1968	1969	1970	1971	1972	1973	1974	1975	1976	
197.8	211.3	212.1	207.3	218.0	222.0	225.3*	224.2*	234.4*			O.C.D.E. - TOTAL (non compris la Yougoslavie)
227.7	233.4	228.9	234.8	242.8	246.1	254.8	248.6	265.3			O.C.D.E. AMÉRIQUE DU NORD
192.3	225.5	181.6	176.9	179.3	188.6	203.1	205.6	214.2			CANADA
235.4	234.7	239.3	247.3	257.0	257.3	264.8	257.2	275.6	281.3		ÉTATS-UNIS
174.9	204.1	218.6	205.6	231.0	213.2	236.0	234.2	215.6			JAPON
180.4	175.1	170.6	190.6	191.5	203.6	217.0	203.7	194.7*			OCÉANIE
166.5	163.3	155.5	176.4	177.2	191.5	205.5	187.2	187.4	174.8		AUSTRALIE
234.6	234.1	235.8	256.3	253.2	262.4	275.0	271.3	222.2*			NOUVELLE ZÉLANDE
192.6	207.5	208.6	200.9	211.7	216.8	217.8*	217.8*	227.6*			O.C.D.E. - EUROPE (non compris la Yougoslavie)
213.4	235.3	234.5	228.7	238.9	252.6	261.3	261.2	276.5	239.0*		COMMUNAUTE ECONOMIQUE EUROPÉENNE - TOTAL
245.8	313.5	284.8	289.8	290.4	324.5	303.8	283.7	362.0	295.8		BELGIQUE
225.7	302.0	218.3	309.5	339.5	322.5	306.0	287.0	140.0	280.0*		LUXEMBOURG
242.9	231.6	247.4	194.9	279.2	234.3	244.0	233.8	264.2	217.7*		DANEMARK
197.8	202.2	211.2	215.6	215.8	241.8	239.0	231.4	237.5	229.6		FRANCE
236.8	277.1	268.0	249.7	250.4	252.0	275.0	261.6	286.0	240.6		ALLEMAGNE
246.8	268.9	275.4	264.2	257.6	274.7	243.2	277.5	277.8	244.5		IRLANDE
111.2	118.3	124.1	129.8	128.2	136.9	152.0	161.9	160.4	170.5		ITALIE
314.8	348.2	338.6	324.4	356.9	373.3	374.8	369.9	383.3	331.3		PAYS-BAS
242.8	250.9	245.4	250.6	276.1	287.8	276.6	302.6	315.8	231.9		ROYAUME-UNI
148.3	149.3	156.9	149.6	161.5	154.9	151.3*	151.8*	155.5*			AUTRES PAYS EUROPÉENS DE L'O.C.D.E. (non compris la Yougoslavie)
219.5	227.5	267.2	260.2	245.8	258.7	231.8	252.0	243.5			AUTRICHE
156.8	135.5	139.7	116.4	189.3	160.6	149.1	145.4	109.4	149.6		FINLANDE
96.5	107.0	111.7	122.9	128.1	131.0	132.5	130.9*	135.2*			GRÈCE
-	70.0	-	45.0	54.0	114.0	86.0*	60.0*	130.0*			ISLANDE
242.3	201.7	240.1	218.0	252.0	228.5	218.7	231.8	282.4			NORVÈGE
91.4	110.7	103.2	105.3	108.0	102.2	101.7	99.7	99.5	83.5		PORTUGAL
118.0	119.4	119.0	127.0	133.5	123.5	131.6	136.4	139.9			ESPAGNE
248.1	254.2	265.4	175.7	281.2	248.3	252.6	210.3	267.4	232.0		SUÈDE
269.0	206.0	296.8	296.7	315.0	377.0	329.7	379.2	403.8			SUISSE
116.7	117.3	122.0	123.3	123.5	124.3	125.7	122.2	123.0			TURQUIE
97.0	85.2	87.0	95.3	90.1	90.6	76.4	93.8	97.4			YOUGOSLAVIE

SUGAR BEETS - BETTERAVES SUCRIÈRES

1966	1967	1968	1969	1970	1971	1972	1973	1974	1975	1976	
377.4	393.7	403.8	394.1	390.9	426.8	418.5	422.0*	387.4*			O.C.D.E. - TOTAL (non compris la Yougoslavie)
387.9	377.0	398.1	399.1	412.7	445.9	470.0	443.9	402.0			O.C.D.E. AMÉRIQUE DU NORD
320.7	288.4	311.3	305.7	297.1	334.3	313.1	322.1	278.6			CANADA
392.6	383.6	403.0	403.9	418.4	452.7	479.1	450.8	408.8	433.2		ÉTATS-UNIS
268.7	330.7	383.6	353.1	431.9	406.9	484.2	476.0*	446.8*			JAPON
..	..	..	..	..	..	..	..	..			OCÉANIE
-	-	-	-	-	-	-	-	-			AUSTRALIE
-	-	-	-	-	-	-	-	-			NOUVELLE ZÉLANDE
378.1	400.2	406.3	393.6	383.0	421.7	402.1	414.9*	382.5*			O.C.D.E. - EUROPE (non compris la Yougoslavie)
400.5	420.4	426.3	412.9	404.1	439.5	419.7	435.2	394.0			COMMUNAUTE ECONOMIQUE EUROPÉENNE - TOTAL
386.0	463.5	456.4	468.9	430.1	524.3	427.9	494.1	425.5	408.2		BELGIQUE
-	-	-	-	-	-	-	-	-	-		LUXEMBOURG
372.2	403.7	413.1	376.9	402.6	408.0	386.8	400.1	401.6			DANEMARK
436.9	406.7	434.6	446.4	434.8	469.4	430.3	443.1	403.7	397.3		FRANCE
424.1	465.9	470.1	438.7	439.9	457.4	442.8	450.5	447.1	427.3		ALLEMAGNE
320.0	367.7	420.5	366.6	377.9	406.1	327.2	440.3	356.2	395.2*		IRLANDE
377.8	391.5	374.4	363.3	338.7	345.5	447.1	399.5	393.4	396.9		ITALIE
396.1	507.4	493.0	485.6	453.0	492.6	438.7	478.0	423.3	432.6		PAYS-BAS
366.6	372.1	378.6	326.2	342.9	412.0	328.9	382.9	235.3	269.5		ROYAUME-UNI
311.7	337.4	338.8	326.7	319.4	368.4	348.1	348.7*	344.9*			AUTRES PAYS EUROPÉENS DE L'O.C.D.E. (non compris la Yougoslavie)
491.1	491.3	440.0	426.7	442.5	407.7	447.4	435.4	441.9			AUTRICHE
268.9	240.2	257.5	259.3	287.1	272.6	348.4	289.0	273.5	262.3		FINLANDE
427.6	507.1	382.2	477.3	497.8	552.0	532.3	564.8*	565.9*			GRÈCE
-	-	-	-	-	-	-	-	-	-		ISLANDE
-	-	-	-	-	-	-	-	-	-		NORVÈGE
-	-	-	-	-	-	-	-	-	-		PORTUGAL
254.8	250.4	252.4	273.6	245.0	322.2	251.8	289.6	280.9			ESPAGNE
349.7	438.5	483.4	367.6	390.1	426.6	434.9	434.5	455.4	406.0		SUÈDE
457.5	470.4	503.3	435.9	421.3	524.7	395.7	539.7	518.3			SUISSE
289.0	350.2	371.3	325.9	343.0	374.6	395.7	330.9	305.2			TURQUIE
380.2	360.8	368.4	382.7	346.8	348.4	417.0	388.1	418.3			YOUGOSLAVIE

hundred kilogrammes per hectare

	1955	1956	1957	1958	1959	1960	1961	1962	1963	1964	1965
SOYBEANS - FÈVES DE SOJA											
O.E.C.D. - TOTAL (excluding Yugoslavia)	13.5	14.5	15.5	16.1	15.7	15.7	16.8	16.2	16.4	15.3	16.5
O.E.C.D. NORTH AMERICA	13.5	14.7	15.6	16.3	15.9	15.8	16.9	16.3	16.4	15.3	16.5
CANADA	17.7	14.7	17.0	17.1	18.2	14.8	21.0	20.2	14.8	20.4	20.4
UNITED STATES	13.5	14.7	15.6	16.3	15.8	15.8	16.9	16.3	16.4	15.3	16.5
JAPAN	13.2	11.9	12.6	11.3	12.6	13.6	13.5	12.6	13.6	11.1	12.5
OCEANIA	..	..	..	..	..	..	..	..	..	..	..
AUSTRALIA	-	-	-	-	-	-	-	-	-	-	-
NEW ZEALAND	-	-	-	-	-	-	-	-	-	-	-
O.E.C.D. - EUROPE (excluding Yugoslavia)	8.8	9.3	7.2	11.9	7.9	10.8	9.6	8.8	9.8	8.8	8.7
EUROPEAN ECONOMIC COMMUNITY - TOTAL	..	..	..	..	..	..	..	..	..	..	..
BELGIUM	-	-	-	-	-	-	-	-	-	-	-
LUXEMBOURG	-	-	-	-	-	-	-	-	-	-	-
DENMARK	-	-	-	-	-	-	-	-	-	-	-
FRANCE	-	-	-	-	-	-	-	-	-	-	-
GERMANY	-	-	-	-	-	-	-	-	-	-	-
IRELAND	-	-	-	-	-	-	-	-	-	-	-
ITALY	-	-	-	-	-	-	-	-	-	-	-
NETHERLANDS	-	-	-	-	-	-	-	-	-	-	-
UNITED KINGDOM	-	-	-	-	-	-	-	-	-	-	-
OTHER O.E.C.D. EUROPE (excluding Yugoslavia)	8.0	8.7	6.2	11.0	7.1	10.0	9.0	8.0	9.3	8.3	8.3
AUSTRIA	-	-	-	-	-	-	-	-	-	-	-
FINLAND	-	-	-	-	-	-	-	-	-	-	-
GREECE	-	-	-	-	-	-	-	-	-	-	-
ICELAND	-	-	-	-	-	-	-	-	-	-	-
NORWAY	-	-	-	-	-	-	-	-	-	-	-
PORTUGAL	-	-	-	-	-	-	-	-	-	-	-
SPAIN	-	-	-	-	-	-	-	-	-	-	-
SWEDEN	-	-	-	-	-	-	-	-	-	-	-
SWITZERLAND	-	-	-	-	-	-	-	-	-	-	-
TURKEY	8.0	8.7	6.2	11.0	7.1	10.0	9.0	8.0	9.3	8.3	8.3
YUGOSLAVIA	11.3	8.3	13.5	8.8	16.8	12.3	7.5	9.9	14.0	16.0	12.1
RAPESEED - GRAINES DE COLZA											
O.E.C.D. - TOTAL (excluding Yugoslavia)	..	..	..	..	..	..	13.1*	15.5*	12.5*	14.2*	13.5*
O.E.C.D. NORTH AMERICA	8.4	10.3	8.4	7.3	11.3	8.2*	8.9*	8.9*	9.8*	9.4*	8.8*
CANADA	6.4	9.6	7.9	7.0	9.4	8.2	8.9	8.9	9.8	9.4	8.8
UNITED STATES	120.0	118.0	51.3	103.0	179.0	-*	-*	-*	-*	-*	-*
JAPAN	13.0	12.7	11.1	11.9	13.9	13.8	14.0	14.3	7.7	11.2	14.8
OCEANIA	..	..	..	..	..	..	..	..	..	..	..
AUSTRALIA	-	-	-	-	-	-	-	-	-	-	-
NEW ZEALAND	-	-	-	-	-	-	-	-	-	-	-
O.E.C.D. - EUROPE (excluding Yugoslavia)	..	..	..	..	..	..	18.3*	20.2*	17.7*	20.1*	20.2*
EUROPEAN ECONOMIC COMMUNITY - TOTAL	..	..	..	..	..	..	17.7*	20.0*	18.2*	20.4*	19.6*
BELGIUM	10.0	10.0	20.0	10.0	-	-	-	-	-	-	-
LUXEMBOURG	-	-	-	-	-	-	-	-	-	-	-
DENMARK	9.7	9.0	22.0	19.5	22.8	16.0	24.6	20.8	16.4	20.9	18.5
FRANCE	14.6	13.9	14.9	13.1	14.7	14.9	15.2	17.8	16.9	19.9	19.5
GERMANY	17.4	22.6	22.1	17.9	22.2	21.8	20.7	24.2	21.3	21.8	20.4
IRELAND	-	-	-	-	-	-	-	-	-	-	-
ITALY	14.6	9.1	12.9	13.6	13.7	14.9	15.3	16.7	13.3	16.2	14.8
NETHERLANDS	26.9	25.5	27.2	17.8	25.3	26.3	24.5	25.5	25.0	25.8	27.3
UNITED KINGDOM	..	..	..	..	..	..	10.0*	10.0*	15.0*	15.0*	15.0*
OTHER O.E.C.D. EUROPE (excluding Yugoslavia)	13.8	11.7	20.1	15.9	20.1	16.9	19.3	20.7	16.8	19.5*	21.5
AUSTRIA	12.7	13.3	12.3	12.5	12.0	13.5	20.3	19.8	17.8	16.2	18.0
FINLAND	11.3	9.1	7.1	13.6	13.1	14.3	10.7	13.2	11.4	9.7	13.4
GREECE	-	-	-	-	-	-	-	-	-	-	-
ICELAND	-	-	-	-	-	-	-	-	-	-	-
NORWAY	-	-	-	-	-	-	-	-	-	-	-
PORTUGAL	-	-	-	-	-	-	-	-	-	13.7*	10.8
SPAIN	-	-	-	-	-	-	-	-	-	-	-
SWEDEN	14.2	13.0	22.2	16.3	22.6	17.4	21.9	23.1	18.0	22.0	24.0
SWITZERLAND	20.0	15.0	12.5	19.6	19.4	24.3	15.2	20.8	19.5	21.3	19.7
TURKEY	8.5	5.3	11.0	10.0	9.0	10.0	8.3	5.7	6.9	8.8	9.4
YUGOSLAVIA	7.6	5.9	7.5	7.9	10.6	9.7	11.0	10.5	7.3	11.7	11.3

RENDEMENTS

SOYBEANS - FÈVES DE SOJA

1966	1967	1968	1969	1970	1971	1972	1973	1974	1975	1976	
17.1	16.5	18.0	18.4	17.9	18.5	18.7	18.6	15.6*			O.C.D.E. - TOTAL (non compris la Yougoslavie)
17.1	16.5	18.0	18.4	18.0	18.5	18.7	18.7	15.6			O.C.D.E. AMÉRIQUE DU NORD
21.7	18.8	20.6	16.0	20.8	18.8	22.9	20.9	16.7			CANADA
17.1	16.5	18.0	18.4	17.9	18.5	18.7	18.6	15.6	19.1		ÉTATS-UNIS
11.8	13.5	13.7	13.2	13.1	12.1	14.3	13.4	15.3*			JAPON
..	9.0	9.0	8.5	10.0	13.1	18.7	13.5	15.2	13.2		OCÉANIE
-	9.0	9.0	8.5	10.0	13.1	18.7	13.5	15.2	13.2		AUSTRALIE
-	-	-	-	-	-	-	-	-	-		NOUVELLE ZÉLANDE
8.2	9.5	10.9	13.2	11.5	14.7	19.6	15.5	16.8			O.C.D.E. - EUROPE (non compris la Yougoslavie)
..	..	..	..	..	..	..	..	22.3			COMMUNAUTE ECONOMIQUE EUROPÉENNE - TOTAL
-	-	-	-	-	-	-	-	-	-		BELGIQUE
-	-	-	-	-	-	-	-	-	-		LUXEMBOURG
-	-	-	-	-	-	-	-	-	-		DANEMARK
-	-	-	-	-	-	-	-	19.7	22.0		FRANCE
-	-	-	-	-	-	-	-	-	-		ALLEMAGNE
-	-	-	-	-	-	-	-	-	-		IRLANDE
-	-	-	-	-	-	-	-	-	-		ITALIE
-	-	-	-	-	-	-	-	-	-		PAYS-BAS
-	-	-	-	-	-	-	-	-	-		ROYAUME-UNI
7.8	9.2	10.6	13.0	11.5	14.7	19.6	15.5	16.3			AUTRES PAYS EUROPÉENS DE L'O.C.D.E. (non compris la Yougoslavie)
-	-	-	-	-	-	-	-	-	-		AUTRICHE
-	-	-	-	-	-	-	-	-	-		FINLANDE
-	-	-	-	-	-	-	-	-	-		GRÈCE
-	-	-	-	-	-	-	-	-	-		ISLANDE
-	-	-	-	-	-	-	-	-	-		NORVÈGE
-	-	-	-	-	-	-	-	-	-		PORTUGAL
-	-	-	10.0	15.0	11.0	14.5	16.0	15.5	-		ESPAGNE
-	-	-	-	-	-	-	-	-			SUÈDE
-	-	-	-	-	-	-	-	-			SUISSE
7.8	9.2	10.6	13.8	10.9	15.7	21.3	14.8	21.3			TURQUIE
18.0	12.7	6.0	13.8	12.3	8.4	16.8	14.2	15.2			YOUGOSLAVIE

RAPESEED - GRAINES DE COLZA

1966	1967	1968	1969	1970	1971	1972	1973	1974	1975	1976	
12.6*	13.9*	15.8*	12.9*	12.2*	12.3*	13.5*	13.3*	13.7*			O.C.D.E. - TOTAL (non compris la Yougoslavie)
9.5*	8.5*	10.3*	9.3*	10.0*	10.0*	9.8*	9.5*	9.1*			O.C.D.E. AMÉRIQUE DU NORD
9.5	8.5	10.3	9.3	10.0	10.0	9.8	9.5	9.1			CANADA
-*	-*	-*	-*	-*	-*	-*	-*	-*		-*	ÉTATS-UNIS
14.1	14.7	17.1	16.0	15.8	16.4	16.0	16.3	18.0			JAPON
..	..	1.0	9.0	7.8	6.3	3.8	6.2	7.8			OCÉANIE
-	-	1.0	9.0	7.8	6.3	3.8	6.2	7.8	-		AUSTRALIE
											NOUVELLE ZÉLANDE
17.9*	21.9*	20.5*	18.4*	18.7*	21.0*	22.0*	20.2	22.0*			O.C.D.E. - EUROPE (non compris la Yougoslavie)
18.2*	21.1*	19.8*	18.3*	18.5*	21.0*	22.2*	20.4	22.1*			COMMUNAUTE ECONOMIQUE EUROPÉENNE - TOTAL
-	-	16.0	11.0	11.0	14.0	29.0	21.0	10.0*	-		BELGIQUE
-	-	-	-	-	-	-	-	-	-		LUXEMBOURG
15.8	19.6	19.9	17.6	17.1	18.4	16.3	20.1	23.3			DANEMARK
17.7	20.1	17.9	17.5	17.5	20.1	22.1	20.0	19.7	18.6		FRANCE
21.0	25.5	26.6	21.4	21.8	24.0	23.5	20.6	27.4	22.1		ALLEMAGNE
											IRLANDE
16.0	17.7	15.7	14.7	18.3	19.0	21.3	21.2	31.0	26.0		ITALIE
26.2	30.4	25.7	20.3	31.1	32.7	30.1	27.1	32.1	26.1		PAYS-BAS
15.0*	18.8*	21.7*	22.0*	20.0*	20.0*	20.0*	21.8	22.4	15.3		ROYAUME-UNI
16.8	23.8	22.3	18.7	19.4	20.9	21.3	19.6	21.7			AUTRES PAYS EUROPÉENS DE L'O.C.D.E. (non compris la Yougoslavie)
22.0	20.7	18.8	20.5	19.0	16.8	21.7	23.0	22.0			AUTRICHE
9.3	18.4	11.8	13.5	14.6	15.7	21.3	15.9	12.8	15.2		FINLANDE
-	-	-	-	-	-	-	-	-			GRÈCE
-	-	-	-	-	-	-	-	-	-		ISLANDE
2.8	15.3	17.5	11.6	11.5	12.0	11.0	16.5	16.8			NORVÈGE
-	-	-	-	-	-	-	-	-	-		PORTUGAL
-	-	-	-	13.0	-	-	-	-			ESPAGNE
19.0	26.1	24.3	19.8	20.3	21.5	21.4	19.8	22.2	19.2		SUÈDE
15.9	22.9	23.5	19.9	21.1	23.6	24.0	22.6	28.0			SUISSE
11.7	10.7	9.6	11.6	10.3	10.3	7.0	9.0	9.0			TURQUIE
11.3	13.0	13.6	15.5	16.8	20.6	15.1	16.2	23.4			YOUGOSLAVIE